Andrea Brown

Der Quickie in der Küche

SOS-Rezepte für alle Lebenslagen

Fotos von Martin Skultéty

Mary Hahn Verlag

Inhalt

schnelles Essen für einen relaxten

Man sollte die Dinge langsam angehen lassen, deshalb beginnen wir mit einem Rezept für gemütliche Abende, an denen Sie Lust auf einen Schnulzenfilm ohne Werbeunterbrechung oder ein nettes Buch haben und dazu etwas psychologisch Wertvolles zu essen brauchen. Sowas soll's ja geben!

Satay

Die Scampi auf Schaschlikspieße reihen und in etwas Öl in der Pfanne anbraten. Falls Sie fertige Sataysauce zu Hause haben, können Sie sich jetzt sofort dem Schnulzenfilm widmen, falls nicht, verrühren Sie die Erdnußbutter mit den restlichen Zutaten und erhitzen die Sauce kurz. Wenn die Scampi durch sind, tauchen Sie sie in die Sauce und genießen Sie.

Satay wird in Indonesien ohne Beilagen gegessen – es gibt höchstens grob geschnittene Gurkenscheiben dazu, die ebenfalls in die Sauce getaucht werden – aber falls Sie europäischen Hunger haben, empfehle ich Reis dazu.

für vier:

10 Scampi, etwas Öl,
200 g grobe Erdnußbutter,
4 Teelöffel scharfe Chilisauce,
1 durchgepreßte Knoblauchzehe,
Saft von 1 Zitrone

Abend

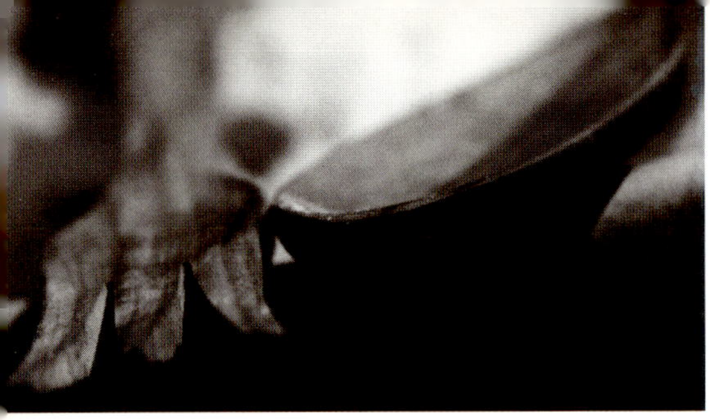

leichte Kost für Le

Sie sind verliebt und schweben auf rosaroten Wolken? Wie Lynn… Sie war in Miami und sieht so unverschämt gut aus, daß ich beschließe, meinen Kosmetiketat zu streichen und statt dessen in ein Flugticket zu investieren.

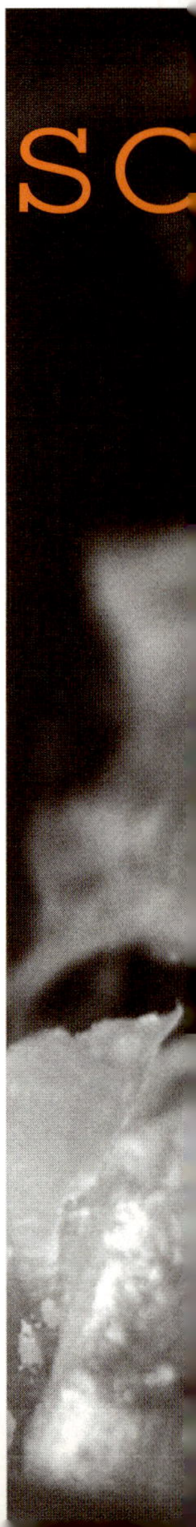

die auf Wolken sc

Aber Lynn sagt, ihre erholten Gesichtszüge habe sie nicht der Stadt, die furchtbar anstrengend sei, sondern einem Typen namens Barry zu verdanken…
In diesem Zustand kann man nichts gebrauchen, was einen aus den luftigen Höhen auf den Boden der Realität zurückholt, also überhören Sie kritische Kommentare die Segelohren Ihres Auserwählten betreffend und vermeiden Sie ballaststoffreiche Nahrung!

Caesar Salad

Für die Croûtons die Toastbrotscheiben dünn mit Olivenöl bestreichen und im Ofen rösten (unter dem Grill geht's noch schneller). Salat in Streifen schneiden. Während die Croûtons vor sich hinbräunen, bereiten Sie die Sauce zu: Die Sardellenfilets zerdrücken, die durchgepreßte Knoblauchzehe zugeben, mit Olivenöl und frisch gepreßtem Zitronensaft vermischen und mit Salz und Pfeffer würzen.

für vier bis sechs: 4–5 Toastbrotscheiben, etwas Olivenöl, 1 Romana- oder Eisbergsalat, 150 g Parmesan

ute,

Dann hobeln Sie den Parmesan über den Salat und schneiden zum Schluß – damit es nicht labberig wird – das geröstete Toastbrot in kleine Würfel und verteilen es über dem Salat.

für die Sauce: 8–10 Sardellenfilets, 1 durchgepreßte Knoblauchzehe, Olivenöl, Zitronensaft, Salz, Pfeffer

hweben

Zombie

für

Mixen Sie alle Zutaten bis auf die hochprozentigen auf Eis (kann man prima vorbereiten und kühl stellen), und geben vor dem Servieren den Rum dazu.

pro Person: 3 cl weißer Rum, 3 cl Anejo Rum, 3 cl brauner Rum, 1,5 cl Apricot Brandy, 6 cl Orangensaft, 3 cl Ananassaft, 3 cl Limettensaft, 1 Teelöffel feiner Zucker, zerstoßenes Eis, 2 Teelöffel 75%iger Rum

Sie haben die lästige Kleiderfrage endlich geklärt und sich zu dem Punkt vorgearbeitet, an dem Sie nur noch entscheiden müssen, welche Schuhe Sie anziehen wollen, was hellseherisches Talent erfordert – woher sollen Sie wissen, ob Ihr heutiger Flirtpartner hochgewachsen oder eher gedrungen ist? – als das Telefon klingelt. Die Gastgeberin, in meinem Fall Theresa, ruft in heller Panik an, weil die Leute im Büro Wind von ihrer Party bekommen und sich daraufhin kurzerhand selbst eingeladen haben. Sie befürchtet, daß die lieben Kollegen das Essen wegfuttern und die übrigen Gäste mit Bürosmalltalk foltern werden.

eilige Partyqueens

Keine Panik! Die Zombies aus dem Büro lassen sich im Ernstfall mit K.o.-Drinks ruhigstellen, und die superschnellen SOS-Dips wirken der drohenden Nahrungsmittelknappheit garantiert entgegen.

SOS-Dips

für viele:
je 250 g Räucherlachs und geräucherte Forelle (oder 500 g von einer Fischsorte), 200 g Sauerrahm, 500 g Mascarpone, Salz, Pfeffer

Lachs und Forelle gesondert jeweils mit der Hälfte des Sauerrahms pürieren (bei einer Fischsorte den ganzen Sauerrahm nehmen). Dann je eine Fischmasse unter die Hälfte des Mascarpone mischen. Mit Salz und Pfeffer abschmecken. Schmeckt prima zu Baguette!

Frühstück für große und kleine

Sonntagmittag. Die Sonne blinzelt durch die Vorhänge, und mir fällt siedendheiß ein, daß Melanie mit ihrem Sohn Moritz zum Frühstück vorbeikommen wollte. Tobias rekelt sich und legt den Arm um mich. Als ich ihn frage, ob er sich vorstellen könnte, Kinder zu haben, sitzt er augenblicklich senkrecht im Bett und guckt mich mit aufgerissenen Augen an. So schnell habe ich ihn noch nie wach bekommen! Als ich ihm versichere, daß es eine rein theoretische Frage war, ist er so erleichtert, daß er sogar vergißt, darüber zu meckern, daß wir am geheiligten Tag der Langschläfer morgens Besuch bekommen. Ernsthaft erklärt er mir, daß er sich Nachwuchs nicht so recht vorstellen kann, weil er leider überhaupt keinen Bezug zu Kindern hat. Eine Stunde später kriecht er mit dem johlenden Moritz auf seinem Rücken auf allen vieren auf dem Boden herum, während Melanie und ich das Frühstück machen.

Pancakes

für vier: 150 g Mehl, 1 Prise Salz, 1 Eßlöffel Zucker, 1 Ei, 150 ml Milch, ca. 300 g frische Blau-, Preisel- oder Johannisbeeren, Butter zum Ausbacken, Ahornsirup und Puderzucker nach Geschmack

Mehl, Salz, Zucker, Ei und Milch zu einem glatten Teig verrühren. 15 Minuten im Kühlschrank ruhen lassen. Dann die Beeren untermischen. Je einen Schöpflöffel Teig in etwas Butter in einer Pfanne von beiden Seiten ausbacken, bis der Pancake goldbraun ist. Pancakes können gleich gegessen werden, aber

Kinder

wenn Sie keine Lust haben, am Herd zu stehen, während die anderen schlemmen, backen Sie sie fertig und halten sie übereinander gestapelt im Ofen warm. Mit Ahornsirup übergießen und mit Puderzucker bestreuen.

Buchweizenblini

Buchweizenmehl mit Salz vermischen und in die Mitte eine Mulde drücken. Die Hefe in der warmen Milch auflösen und in die Mulde gießen. Den Zucker dazugeben, das Ganze gut vermengen und etwa 15 Minuten ruhen lassen. Dann das Ei und die restliche Milch hinzufügen. Die Masse zu Teig verarbeiten und nochmal etwa 1 Stunde ruhen lassen. Aus dem Teig handtellergroße Pfannkuchen formen und in einer Pfanne in etwas Öl von beiden Seiten backen, bis sie leicht braun sind. Erwachsene essen Blini mit Crème fraîche oder Sauerrahm und Kaviar (echtem oder Lachskaviar), Kinder mit Apfelkompott oder Marmelade.

für vier:
150 g Buchweizenmehl, 1 Prise Salz, 10 g Hefe, 2–3 Eßlöffel warme Milch, 1 Eßlöffel Zucker, 1 Ei, 150 ml Milch, Öl zum Ausbacken

Buttermilchwaffeln

Sie haben kein Waffeleisen? Ihre Mutter hat bestimmt noch eines im Keller! Sobald Sie es entstaubt haben, kann das Waffeln losgehen!
Eiweiß steif schlagen. Mehl mit Maismehl vermischen, Buttermilch, Backpulver und Salz dazugeben. Alles gut vermengen und zum Schluß den Eischnee unterziehen. Im Waffeleisen ausbacken.

für vier: 2 Eiweiß, 200 g Mehl, 200 g Maismehl, 220 ml Buttermilch, 1 Messerspitze Backpulver, 1 Prise Salz, Margarine für das Waffeleisen

Brownies

Die Schokolade zerkleinern und bei kleiner Hitze mit der Butter zum Schmelzen bringen. Die Nußstücke unterrühren. Die Eier schaumig schlagen und den Zucker

für viele:
150 g Schokolade, 100 g Butter, 120 g gehackte Pekan- oder Walnüsse, 3 Eier, 150 g Zucker, 100 g Mehl, 1 Teelöffel Backpulver, 1 Prise Salz

untermischen, dann das Mehl mit dem Backpulver und Salz dazu. Zum Schluß das Ganze mit der Schoko-Nuß-Mischung verrühren. Die Masse entweder auf Backpapier auf einem Blech verstreichen oder, falls vorhanden, in Muffinformen gießen, wobei die Formen nur bis zur Hälfte angefüllt werden sollten, da sich das Teigvolumen beim Backen nahezu verdoppelt. Den Teig bei 180 °C etwa 20 Minuten backen. Bevor er kalt ist, in Brownie-Quadrate schneiden bzw. aus den Formen stürzen.
Frisch schmecken Brownies am besten!

Kraftfutter für Körper und Se

Umzüge kosten Kraft – manchmal auch seelische!
Paula zieht heute um, und ich kann ihr nicht helfen, weil mein Boss (er haßt es, wenn ich ihn so nenne) sich in den Kopf gesetzt hat, eine »waaahnsinnig wichtige« Firma aus New York als Kunden an Land zu ziehen, was für ihn Prestigegewinn und für mich Wochenendarbeit bedeutet. Ich kann nur hoffen, daß Paula es mit Fassung trägt, wenn die Überreste ihres Paarexperiments aus dem ehemals gemeinsamen Nest getragen werden… Als ich abends mit dem Essen ankomme, sitzt Paula inmitten von Umzugskartons und schnippelt Fußballbettwäsche in gleichmäßige Quadrate. Baumwolle eigne sich hervorragend zum Putzen, erklärt sie grinsend.

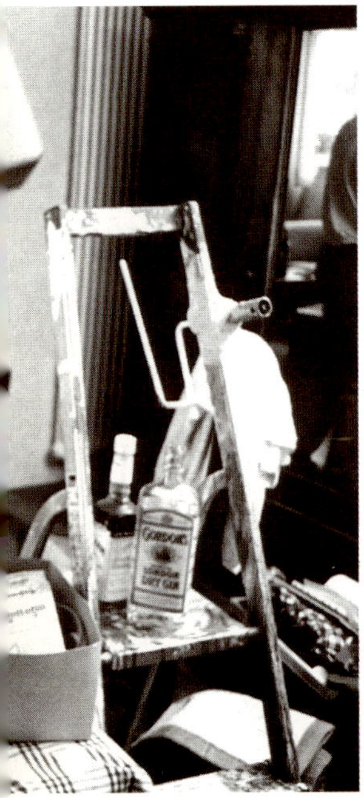

Marios römische Kartoffel-Rucola-Pizza

für sechs Bleche:
Teig: 1 kg Mehl, 1 Würfel Hefe, in etwas warmem Wasser aufgelöst, ca. 75 ml lauwarme Milch, ca. 75 ml Olivenöl, 3–4 Teelöffel Zucker, 1 Prise Salz, Öl für das Blech

Sie können den Teig prima am Morgen vorbereiten und wenn Sie abends nach Hause kommen, müssen Sie ihn nur noch ausrollen, belegen und natürlich backen.

Zutaten für den Teig verkneten und zugedeckt mindestens 1 Stunde bis maxi-

ele

mal 24 Stunden ruhen lassen. Den Teig in 6 Portionen teilen, jeweils dünn ausrollen und auf ein gefettetes Blech legen. Gut mit Olivenöl bestreichen, salzen, mit Rucola und gekochten Kartoffelscheiben belegen. Mit Rosmarin bestreuen. Bei 200 °C etwa 30 Minuten im Ofen backen.

für den Belag: Olivenöl zum Bestreichen, Salz, ca. 1 Bund Rucola, ca. 700 g gekochte Kartoffeln (in Scheiben geschnitten), frischer Rosmarin

für Couchpotatoe

Sie waren am Freitagabend im Kino und danach in der Kneipe, bis die Stühle hochgestellt wurden. Samstag sind Sie auf einer Party versackt, und am Sonntagabend ist Ihr Akku leer… Das beste wäre jetzt ein Faulenzeressen auf dem heimischen Sofa, aber im Kühlschrank herrscht Ebbe, und beim Takeaway-Service ist dauernd besetzt! Für solche Fälle ist es gut, ein paar asiatische Saucen zu Hause zu haben – sie halten ewig, und man kann mit ihnen auf die Schnelle etwas im Wok brutzeln. Hier ein paar Anregungen, die Sie variieren können, je nachdem, welche Zutaten Sie zu Hause haben.

Woknudeln – wie frisch von Asiens Märkten

für vier: 300 g Reisnudeln, 1 Teelöffel Sonnenblumenöl, einige Tropfen Sesamöl, Brokkoliröschen, Sojasprossen oder anderes Gemüse je nach Belieben, ca. 50 g ungesalzene Erdnüsse, Sojasauce, Fischsauce, Koriander oder Petersilie

Die Reisnudeln kochen (Kochzeit steht auf der Packung) und abtropfen lassen. Sonnenblumenöl und ein paar Tropfen Sesamöl im Wok heiß werden lassen und das Gemüse und die Erdnüsse kurz darin anbraten, dann herausnehmen. Jetzt die Nudeln im Wok ebenfalls kurz anbraten, mit Sojasauce und ein paar Schuß Fischsauce würzen, dann das Gemüse untermischen. Frischen Koriander oder Petersilie dazugeben.

Muu Wan

(Süßes Schweinefleisch)

Zucker zusammen mit den Saucen und etwa 2 Tassen Wasser in den Wok geben. Das Ganze erhitzen, bis sich der Zucker aufgelöst hat. Die Sauce etwas einkochen lassen, dann das Fleisch darin braten. Zum Schluß die gehackten Frühlingszwiebeln darüber geben. Dazu gibt es Reis oder Nudeln.

für vier: 125 g Zucker, 1 Eßlöffel Austernsauce, 1 Schuß Sojasauce, 500 g Schweinegeschnetzeltes, 2–3 gehackte Frühlingszwiebeln

Sie kommunizieren mit Ihren Freunden nur noch per Telefon, und manchmal beschleicht Sie der Verdacht, daß Sie sie nicht mehr erkennen würden, wenn Sie ihnen auf der Straße begegnen? Höchste Zeit, eine spontane Dinner Party zu veranstalten! Aber Sie haben keine Zeit zum Kochen, weil Sie es 1. selten tun und sich entsprechend anstellen, 2. so viel arbeiten, 3. einen Freund ha-

für Kochmuffel

ben, der mehr Zeit in Anspruch nimmt als ein Säugling, 4. einen Säugling haben, 5. und überhaupt… Schluß mit den Ausreden! Ihre Freunde erwarten nichts Aufwendiges, die Hauptsache ist doch, daß Sie sich mal wieder ausquatschen, ohne dabei einen Telefonhörer am Ohr kleben zu haben.

Hühnchen in Buttermilch

Das Rezept hat den Vorteil, daß man am Abend, wenn die Gäste kommen, keine Arbeit mehr damit hat, und in Ruhe den Tisch decken, sich schminken oder seine Lieblings-Serie im Fernsehen angucken kann. Am Morgen oder am Abend vorher das Fleisch mit Tabasco einreiben, in eine Schüssel legen, mit der Buttermilch begießen und kalt stellen. Dann das Mehl mit den Gewürzen vermischen, die Hühnerteile aus der Buttermilch nehmen, trockentupfen und in der Mehl-Gewürz-Mischung wenden. In eine feuerfeste Form legen, die Buttermilch darüber gießen und das Ganze bei 230 °C im Ofen etwa 45 Minuten lang backen. Dazu gibt's Reis oder Baguette und Salat.

für vier:
4–6 Hühnerschenkel, 1–2 Eßlöffel Tabasco, 500 ml Buttermilch, 200 g Mehl, 1 Eßlöffel Zitronenpfeffer, 1 Eßlöffel Paprikapulver, 1 Prise Salz

Unterfütterung

Weiberabende genießen bei Außenstehenden (Männern, und Frauen, die keine Freundinnen haben) den Ruf, eine Versammlung von Spätpubertierenden zu sein, die unter Zuhilfenahme von bunten alkoholhaltigen Getränken ihren Herzschmerz austauschen, pikante Details aus ihrem Liebesleben zum be-

für den Weiberab

sten geben und zu später Stunde unter lautem Gejohle den Barmann anmachen, bevor sie komatös heimwärts torkeln. Dieses Gerücht beruht natürlich auf einer böswilligen Fehleinschätzung, denn in Wirklichkeit verbringen Frauen ihre gemeinsamen Abende in kerzenbeleuchteten Wohnzimmern mit Kartenlegen und kollektivem Beine-Enthaaren. Egal, für welche Version Sie sich entscheiden, so oder so machen Weiberabende einen Riesenspaß!

end

Kambodschanischer Steaksalat

Das Steak im Öl braten, salzen, pfeffern und abkühlen lassen. Falls das Fleisch etwas Saft abgegeben hat, diesen aufbewahren und zu der anzufertigenden Sauce dazugeben. Die Glasnudeln gar kochen, abgießen und abtropfen lassen. Während das Fleisch vor sich hinbrutzelt, Fischsauce, Limettensaft, Zucker, Frühlingszwiebel und Chilischote vermischen. Das Fleisch in dünne Scheiben schneiden und mit der Sauce begießen. Die Glasnudeln unterheben. Vor dem Servieren die Teller mit ein paar Blättern Kopfsalat auslegen. Mit Koriander garnieren.
Da Cocktails zur Grundausstattung eines Weiberabends gehören, gibt es dazu einen

für vier:
350 g Rindersteak, 2 Eßlöffel Öl, Salz, Pfeffer, 250 g Glasnudeln, 3 Eßlöffel Fischsauce, Saft von 1 Limette, 1 Eßlöffel Zucker, 1 feingehackte Frühlingszwiebel, 1 feingehackte, rote Chilischote, Kopfsalatblätter und Koriander zum Garnieren

Mojito

pro Person:
Saft von 1/2 Limone, 1 Teelöffel Puderzucker, 1 Eßlöffel Pfefferminzblätter, 6 cl weißer Rum, zerstoßenes Eis, 1 Spritzer Soda oder Mineralwasser

Limonensaft mit Puderzucker verrühren. Die Pfefferminzblätter im Mörser zerdrücken und in ein großes Glas geben. Limonensaft, Rum sowie reichlich zerstoßenes Eis dazugeben und gut umrühren. Mit 1 Spritzer Soda oder Mineralwasser auffüllen.

Poh Pia

(Vietnamesische Frühlingsrollen zum Selbstbasteln)

Die Hühnerbrüste in Öl und Sojasauce braten. Das Fleisch abkühlen lassen und dann fein zerpflücken. Die Mohrrübe in eine Schale raspeln, Sojasprossen, Pfefferminze und Hühnerfleisch daruntermischen. Rundes Reispapier fein mit Wasser besprühen, damit es weich wird.
Jetzt darf sich jeder seine Frühlingsrolle selbst basteln: Dazu das Reispapier mit den Zutaten belegen und eng aufrollen. In süße Chilisauce dippen.

für vier:

2 Hühnerbrüste, 1 Eßlöffel Öl, 1 Eßlöffel Sojasauce, 1 große Mohrrübe, 100 g Sojasprossen, 2 Eßlöffel gehackte Pfefferminzblätter, rundes Reispapier, süße Chilisauce

Paula ist gestreßt, weil ihre Eltern zu Besuch kommen. Da verdient man sein eigenes Geld, hat gelernt, Rechnungen zu bezahlen, bevor die dritte Mahnung im Briefkasten ist, und kann die

für Bluffer

Zündkerzen vom Auto so schnell wechseln, daß einem gelernten Mechaniker die Spucke wegbleibt – aber kaum stehen die Eltern in der Tür, ist man wieder das kleine Kind von früher. Besonders Mütter nutzen das schamlos aus! Es geht so los, daß sie klammheimlich anfangen, die Küchenregale abzustauben, und wenn man sich nicht vorsieht, kündigt man noch am selben Abend seinen Job und zieht wieder in sein altes Kinderzimmer. Um das zu verhindern, empfiehlt es sich, geschickt zu bluffen. Ich bräuchte einen Ehemann, seufzt Paula, oder zumindest eine Schrankwand im Wohnzimmer! Da beides auf die Schnelle schwer zu beschaffen ist, will sie ein Menü hinlegen, daß ihrer Mutter der Staubwedel aus der Hand fällt.

das Bluffermenü

Avocadosuppe

Das Fruchtfleisch der Avocados kleinschneiden und mit dem Zitronensaft beträufeln, damit es sich nicht verfärbt. Die Shrimps im Fischfond kurz kochen, dann herausnehmen. Avocadofruchtfleisch in den Fond geben und pürieren. Die Sahne und die Shrimps dazugeben, mit Zitronenpfeffer und frischem Dill abschmecken.

für vier: 7–8 reife Avocados, Saft von 1 Zitrone, 100 g frische Shrimps, 750 ml Fischfond, 100 ml Sahne, Zitronenpfeffer, fein gehackter Dill

Zitronenlachs

Die Lachsfilets salzen. Von einer Zitrone die Schale abreiben, dann die Früchte in dünne Scheiben schneiden. Einen Teil der Lachsfilets auf den gefetteten Boden einer feuerfesten Form legen, mit Zitronenscheiben und Spinatblättern belegen. Darüber kommt eine weitere Schicht Fisch, Zitronenscheiben und Spinat. Den Sauerrahm mit der Zitronenschale und der Petersilie verrühren und auf der letzten Schicht verteilen. Das Ganze im Ofen bei 180 °C etwa 20 Minuten backen. Dazu kann man je nach Geschmack frisches Baguette oder neue Kartoffeln essen. Zum Trinken: ein Tokai del Veneto.

für vier: 500 g Lachsfilets, Salz, 2 unbehandelte Zitronen, Butter für die Form, 400 g frischer Spinat, 400 g Sauerrahm, 1 Bund gehackte Petersilie

Feigencreme mit Schokolade

Die Mandelstifte in einer Pfanne rösten. Inzwischen das Fruchtfleisch von 8 Feigen pürieren (die Feigen müssen unbedingt reif und aromatisch sein!). Das Püree mit Mascarpone und Zucker vermischen. Die Creme kühl stellen. Vor dem Servieren die erkalteten Mandelstifte mit der Feigenmasse verrühren. Auf jeden Teller eine Feigenhälfte und einen großen Löffel Creme geben. Mit Mandellikör beträufeln und geraspelter Schokolade bestreuen.

für 4 bis 6: 100 g Mandelstifte, 10 frische, vollreife Feigen, 250 g Mascarpone, 1 Teelöffel Zucker, Mandellikör, geraspelte Bitterschokolade

Nervenfutter

Theresa hat auf dem Schreibtisch ihres Liebsten zwei Tickets nach London gefunden und sich schon auf Shopping in der Kings Road gefreut, aber zu früh! Ihr Liebster fährt mit einer Kollegin – es ist geschäftlich. Theresa glaubt das nicht. Sie ist ein totales Nervenbündel, weil sie entdeckt hat, daß er seine Boxershorts eingepackt hat. Ihr Liebster ist im Grunde seines Herzens ein

Feinripp-Typ, erklärt sie, doch wenn die Gefahr besteht, daß ihn jemand in Unterwäsche sehen könnte, trägt er zur Tarnung seiner Spießerseele Boxershorts. Was ich von der Sache halte, will Theresa wissen. Ich muß nachdenken, weil die Frage verschiedene Schlußfolgerungen zuläßt. Am wahrscheinlichsten ist, daß Theresa ihren Verstand verloren hat! Es ist die einzige Erklärung dafür, daß sie sich mit einem Mann abgibt, der derart unerotische Unterwäsche trägt...

Käsemakkaroni

Keine Panik – sogar in der absoluten Chaosküche sind die Grundstoffe für das ultimative Nervenfutter immer vorhanden, so daß Rettung nicht weit ist... sollten Sie gerade keinen Nervenstreß haben, inszenieren Sie welchen – es lohnt sich für diesen Nudelschmaus!

Pro nervengeschädigter Person etwa 150 g Nudeln kochen. Währenddessen die Milch erwärmen und in einem separaten Topf die Butter schmelzen. Wenn die Butter geschmolzen ist, das Mehl unterrühren und die Mischung etwa 2 Minuten leicht köcheln lassen. Dann die warme Milch unterrühren, bis eine cremige Sauce entsteht. 3 bis 4 Minuten weiterrühren. Den Käse unterheben und die Sauce mit Cayennepfeffer und Salz abschmecken. Eine feuerfeste Form mit Butter ausstreichen. Die Nudeln abgießen und abtropfen lassen, dann in die Form geben. Die Sauce darüber geben und das Ganze im Ofen bei 180 °C etwa 20 Minuten backen.

für vier: 600 g Makkaroni oder andere kurze Nudeln, 750 ml Milch, 3 Eßlöffel Butter, 3 Eßlöffel Mehl, 250 g geriebener Käse (am besten schmeckt würziger Cheddar), Cayennepfeffer, Salz, Butter für die Form

verläßli

erei

che Grundlage für

Theresa zermartert sich wegen der Sache mit den Boxershorts den Kopf und braucht dringend Ablenkung, bevor sich die Sorgenfalte auf ihrer Stirn so tief in ihre Gesichtszüge gräbt, daß diese nur noch mittels chirurgischer Kunstgriffe in ihren Originalzustand zurückversetzt werden können. Was lenkt wirksamer ab als ein Ausflug ins Nachtleben?

Ein Essen, bevor man um die Häuser zieht, muß schnell herzustellen sein – man will schließlich den Abend nicht in der Küche verbringen. Es muß kalorienreich sein, um das Durchhaltevermögen zu stärken, aber nicht so schwer, daß man danach nur noch damit beschäftigt ist, gegen die Erdanziehungskraft

gnis reiche Nächte

anzukämpfen, es sollte Eiweiß enthalten, das einen davor bewahrt, bereits nach dem ersten Drink unzusammenhängende Silben von sich zu geben, aber keinen Knoblauch, es sei denn, man hat vor, den restlichen Abend Selbstgespräche zu führen.

Spinat-Tagliatelle mit Nüssen

Tagliatelle in Salzwasser kochen und abtropfen lassen. Während die Nudeln kochen, die Butter erhitzen, Nüsse und Pistazien darin anrösten. Dann Rosinen, Sahne und Spinat zufügen. Kurz aufkochen lassen, mit Salz und Pfeffer abschmecken und dann über die Nudeln geben.

für zwei:
300 g Tagliatelle, Salz, 1 Eßlöffel Butter, 100 g gehackte Hasel- oder Walnüsse, 100 g ungesalzene Pistazien, 100 g Rosinen, 100 ml Sahne, 250 g Blattspinat, weißer Pfeffer

Männerfutter

Theresa hat an der Ablenkungs-Therapie Gefallen gefunden und auf ihren ausgedehnten Streifzügen durch das Nachtleben mehr Männer kennengelernt als eine Hostess auf einer Computermesse.
Ein paar davon kommen heute zum Essen zu ihr – ganz zwanglos, sagt sie. Ob die Typen das auch so sehen?

Hamburger

Die Zutaten für die Burgermischung mit der Hand vermengen. Aus der Masse gleich große Kugeln formen, diese 2 cm dünn flach drücken und entweder grillen oder in einer Pfanne beidseitig etwa 5 Minuten anbraten. Dann die Brötchen teilen. Mit Fleisch, Salatblättern, Kresse, Gurken-, Tomaten- und Zwiebelscheiben belegen. Dazu nach Belieben Senf und Ketchup.

für acht:
für die Burgermischung:
1 kg gemischtes Hackfleisch,
1 Ei, 1 kleingeschnittene Zwiebel,
1 Eßlöffel Worcestershiresauce,
1 Eßlöffel brauner Zucker,
1 Eßlöffel scharfer Senf,
2 Eßlöffel Ketchup,
2 Eßlöffel geriebener Parmesan,
eventuell Semmelbrösel,
zum Belegen:
8 Hamburgerbrötchen
Blätter von 1 Kopfsalat,
Kresse, Gurkenscheiben,
Scheiben von 4-5 Tomaten,
Ringe von 2 weißen Zwiebeln,
scharfer Senf, Ketchup

Tee Royal für reg

Der Himmel ist stahlgrau und schwer. Die Wolken hängen so tief, daß sie meine Schultern streifen. Die Menschen, die angeblich diese Stadt bevölkern, sind spurlos verschwunden. Sie haben sich in ihre Höhlen verkrochen und spielen dort Computerspiele oder gucken fern oder zeugen weitere Menschen, die bei Regenwetter nicht auf die Straße gehen. Ich mag leere Spazierwege! Genießerisch atme ich die Luft ein. Sie ist feucht und riecht grün.

Shortbread

für ca. 40 Stück: 250 g weiche Butter, 125 g Zucker, 350 g Mehl, 1 Prise Salz, Fett für das Blech, Zucker zum Wenden

Butter, Zucker, Mehl und Salz zu einem Teig verarbeiten, etwa 1/2 cm dick ausrollen, und mit einem Trinkglas runde Scheiben ausstechen. Diese auf ein gefettetes Backblech legen. Bei 180 °C etwa 20 Minuten backen (Shortbread darf nicht braun werden!). Noch lauwarm in Zucker wenden.

Wer's mag, kann frischen Ingwer kleinschneiden und unter den Teig mischen – schmeckt very british!

nerische Tage

Dazu eine heiße Tasse Earl Grey mit Milch und man fühlt sich total royal!

Theresa kommt sich wegen ihrer Eifersucht jetzt ziemlich bescheuert vor und überlegt, wie sie ihren Liebsten versöhnen könnte? Ob sie sich entschuldigen soll? Oder ist es strategisch klüger, keine großen Worte zu verlieren und ihm statt dessen um den Hals zu fallen und ihn mit einem leidenschaftlichen Kuß außer Gefecht zu setzen?

Es gibt Leute, die einem einreden wollen, das Gelingen eines romantischen Abends hinge davon ab, ob man eine teure Körperlotion benutzt oder die Wohnung aufgeräumt hat. Völliger Quatsch! Vorausgesetzt, Sie kommen nicht gerade von einem dreimonatigen Trekkingtrip aus dem Himalaja zurück,

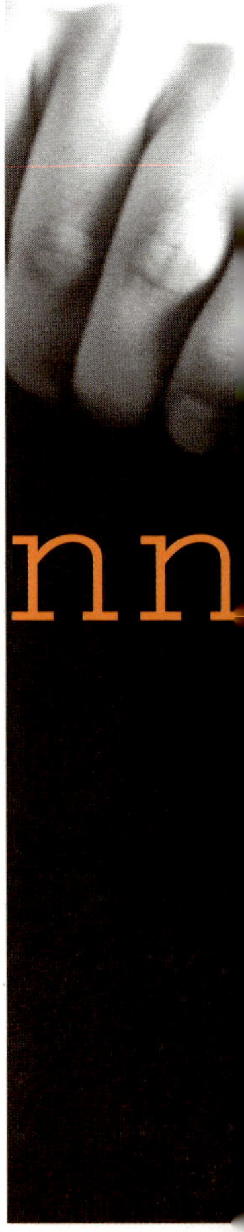

für Liebesgöttinn

reicht Ihr ganz normales Schönheitsprogramm, und wenn Sie jetzt noch die Liebesbriefe ihrer anderen Verehrer unters Sofa schieben, ist Ihre Wohnung völlig in Ordnung. Oder hat sich schon mal jemand in Sie verliebt, weil ihr Parkett so schön geglänzt hat? Statt also in Hektik zu verfallen, lehnen Sie sich ganz relaxt zurück und vertrauen auf Ihre umwerfende Ausstrahlung. Und auf die Kraft von natürlichen

Aphrodisiaka

Anis enthält ein ätherisches Öl, das anregt

Austern gelten wegen ihres hohen Eiweißgehalts als liebesfördernd, aber wer die Vorstellung, salzigen Glibberkram zu sich zu nehmen, eher liebestötend findet, darf auf ein Sahnedessert ausweichen. Es enthält genausoviel Eiweiß und schmeckt süß

Chili ist der Scharfmacher schlechthin

Koriander regt an und stimuliert zusammen mit Chili den Appetit auf das, was nach dem Essen stattfinden soll

Liebstöckel – malen Sie sich aus, woher dieses Kraut seinen Namen hat

Feigen machen durch ihre Form an und durch den hohen Zuckergehalt munter

Mandeln in Honig haben schon zu biblischen Zeiten König Salomon auf unbiblische Gedanken gebracht

Minze nach dem Essen erfrischt und bringt auf Trab

Vanille wurde von den Aztekenfrauen als Aphrodisiakum verwendet, weil sie die Geschmacksnerven anregt und verborgene Empfindungen weckt

Seelennahrung fü

Weiberabende können anstrengend sein, wenn sich Alltagsfrust und ungünstige Mondphasen zu einer geballten Ladung Gezicke formieren. Dann hilft nur Quasseln, Essen, Trinken und nochmal Quasseln…

Paula ärgert sich, weil es in ihrer neuen Wohnung immer noch aussieht wie in einem Möbellager, Lynn, weil sie für zu wenig Geld zu viel arbeitet, und Melanie, weil der erste Mann, den sie seit langem mal wieder attraktiv findet, nicht zu haben ist. Sein Kind geht in Moritz' Kindergarten und wird abwechselnd von dem schnuckeligen Papi und der Mutter abgeholt, die, wie wir einstimmig beschließen, eine dumme Pute ist, weil sie dem Glück unserer Freundin im Wege steht. Gibt es denn auch eine gute Nachricht? Klar, strahlt Theresa. Ihr Versöhnungsessen war der volle Erfolg!

Putensaltimbocca

für vier: 400 g Putenbrust, ca. 150 g Mehl, 1 Prise Salz, 1–2 Zweige Salbei, etwas Butter, rosa Pfefferkörner, 250 ml Rotwein, 200 ml Sahne

Die Putenbrust in dünne Scheiben schneiden. Mehl und Salz mischen und das Fleisch darin wenden. In einer Pfanne Salbeiblätter in Butter andünsten, dann das Fleisch dazugeben. Wenn es angebräunt ist, rosa Pfefferkörner hinzufügen, mit dem Rotwein ablöschen und ein paar Minuten köcheln lassen. Zum Schluß die Sahne darüber. Mit Brot und Salat servieren.

r gestreßte Zicken

Fallen Angel

Die Zutaten auf Eiswürfel schütteln und durch ein Sieb ins Glas gießen.

pro Person: ein Schuß frisch ausgepreßter Zitronensaft, ein Schuß Crème de Mènthe, ein Schuß Angostura, 4 cl Gin

für

Eigentlich wollten wir ja nur ein Mitbringsel zum Osterfrühstück besorgen, aber als wir die neuen Frühjahrsklamotten gesehen haben, gab es kein Halten mehr... Markus ist der ideale Begleiter für einen Streifzug durch die Läden, weil er ver-

eilige Osterhasen

meintlich unwichtige Mode-Details so ernsthaft erörtern kann, als hinge der Weltfrieden davon ab, und auch nicht anfängt, über Sinn und Unsinn eines Kaufs zu diskutieren, sondern im Zweifelsfall zurät: Einkaufen macht schön, kurbelt die Wirtschaft an, und außerdem lebt man nur einmal! Tütenbeladen, pleite und glücklich gehen wir zum Markt, um frische Eier für das Ostermitbringsel zu besorgen. Selbstgemachtes ist doch netter als Gekauftes.

Ricardas Eierlikör

für ca. 500 ml: 375 ml Kondensmilch, 5 frische Eigelbe, 2 Päckchen Vanillezucker, 125 g Puderzucker, 125 ml reiner Alkohol (z.B. Branntwein)

Kondensmilch, Eigelbe, Vanillezucker und Puderzucker etwa 10 Minuten im Mixer schlagen. Nach und nach den Alkohol dazugießen. Vor dem Servieren kühl stellen.

Kennen Sie das? Man umstreunt das Telefon, in der Hoffnung, daß dieser bestimmte Jemand anruft. Das verdammte Ding hat den ganzen Tag gebimmelt, aber ausgerechnet jetzt schweigt es wie ein Stein. Sie denken schon,

für Unentschlosse

es ist kaputt, aber dann klingelt's auf einmal doch. Sie wollen natürlich nicht, daß der andere den Eindruck bekommt, Sie hätten nichts besseres zu tun, als auf seinen Anruf zu warten, was in Wirklichkeit den Tatsachen entspricht, und lassen es deshalb ein paarmal läuten, bis Sie betont gelangweilt abheben: Hallooo?

Was ist los, frage ich Melanie, hast du etwa geschlafen? Das Gegenteil ist der Fall (siehe oben), und Melanie weiß nicht, wie sie reagieren soll, wenn er anruft. Falls er anruft. Der süße Typ aus dem Kindergarten wollte sich melden und zum Essen vorbeikommen – angeblich um eine kindergartentechnische Frage zu erörtern… Das fand sie erstmal ganz toll, aber als ihr Gehirn wieder seine volle Tätigkeit aufgenommen hat, hat sie die Panik bekommen und will jetzt absagen, obwohl sie heute nichts anderes vorhat.

Genau genommen hat sie die ganze Woche nichts vor, aber das ist kein Grund, sich mit einem Mann zu treffen, der fest liiert ist und nur herumflirten will, um sein Ego aufzupeppen. Oder doch???

In solchen Fällen braucht man Tarotkarten, die einem helfen, zu einer Entscheidung zu finden, und Zutaten für ein verläßliches last-minute-Rezept!

Kartoffelgratin

hört sich französisch-kapriziös an, ist aber ganz simpel!
Den Backofen auf 220 °C vorheizen. Die Kartoffeln schälen, in dünne Scheiben schneiden und in der Milch aufkochen. Die Knoblauchzehen abziehen, durch eine Presse dazudrücken und das Ganze mit Salz, Pfeffer und Muskatnuß kräftig würzen. Etwa 10 Minuten unter Rühren kochen lassen. Dann in eine gefettete, feuerfeste Form geben, die Butter in Flöckchen unterheben und die Sahne darüber gießen. Im Ofen 45 bis 50 Minuten backen, bis die Flüssigkeit vollständig aufgesogen und die Oberfläche des Gratins leicht gebräunt ist.

für vier:
1 kg Kartoffeln, 1/2 Liter Milch, 4 Knoblauchzehen, Salz, weißer Pfeffer, etwas geriebene Muskatnuß, Fett für die Form, 80 g Butter, 200 ml Sahne

für Kräuterhexen

Endlich Frühling! Die Bäume sehen aus wie mit feinem grünen Puder bestäubt, und in den Isarauen blüht es in allen Farben. Sogar die Menschen sind bunter geworden. Nur auf meinem Balkon ist es noch winterlich grau... Ich pflanze Kräuter, essentielle Lebensretter, die jedes noch so einfache Schnellrezept aufpeppen.

lebensrettende Kräuter

Erdbeeren mit Pfefferminzblättern sind so erfrischend wie ein Sprung ins Meer! (Besonders gut zu Obst und Fruchtcocktails: Ingwerminze)

Mögen Sie After-Dinner-Mints? Selbstgemacht schmecken sie noch besser! Die Blätter der roten Minze in geschmolzene Küvertüre tauchen und im Kühlschrank erkalten lassen.

Nudeln mit etwas Olivenöl, Rosmarin und etwas Knoblauch wecken Erinnerungen an Urlaub in der Toskana – auch bei Leuten, die noch nie dort waren!

Machen Sie ihr eigenes Salatöl oder ein individuelles Geschenk, indem Sie Rosmarinzweige in eine Glasflasche stellen und mit Olivenöl begießen, bis die Zweige bedeckt sind. Je länger das Öl zieht, um so aromatischer wird es.

Eine einfache Kartoffelsuppe können Sie mit ein paar Blättern Liebstöckel urig aufpeppen.

Zu geschmortem Eintopfgemüse passen die Kräuter der Provence aus Balkonien: zu gleichen Teilen Thymian, Rosmarin und Majoran verwenden.

Lavendel wird gemeinsam mit den Grundgewürzen der Kräuter der Provence zum Kochen verwendet, getrocknet in einer Schale neben dem Bett sorgt er für entspannten Schlaf.

Basilikum braucht man zu allem und jedem. Leider ist es sehr anfällig, deshalb ist mein Tip, es entweder neben Knoblauch zu pflanzen oder Knoblauchzehen darum herum zu legen. Vertreibt Vampire und andere Schädlinge!

Salbeiblätter in Butter dünsten, Nudeln darin wenden. Schmeckt ganz toll!

Oregano oder Wilder Majoran paßt zu allen mediterranen Rezepten, dem Badewasser zugefügt, wirkt eine Handvoll Oreganoblätter belebend und angeblich sogar aphrodisierend. Versuchen Sie mal »Liebhaber in Oregano«...

Thymian schmeckt super auf getoasteten Brotscheiben, die mit etwas Olivenöl bestrichen und Ziegenkäse belegt etwa 20 Minuten im Ofen gebacken werden, bis der Käse leicht angebräunt ist.

Koriander sollten Sie für asiatische Kochorgien immer frisch parat haben.

Ich bin reif für die Insel, aber zu dick für meinen Bikini. Tobias und ich wollen nach Thailand – ich bin sicher, daß er mich verläßt, wenn er mich im Badeanzug sieht, aber was tun? Ich hasse Diäten!

für Diät-Muffel

Hier ein paar Rezepte, die Sie fit machen, aber nicht quälen! Beginnen Sie den Tag mit einem

Mango Smoothie

Die Mango in kleine Stücke schneiden und am besten über Nacht – oder zumindest solange Sie unter der Dusche sind – ins Gefrierfach legen. Die Vanilleschote in der Milch etwa 10 Minuten auskochen und dann abkühlen lassen. Die Schote herausnehmen. Wenn die Mango und die Milch kalt sind, alle Zutaten zusammen im Blender vermixen, so daß ein dickflüssiger Drink entsteht.

für eine Person:
1 Mango, 1 aufgeschlitzte Vanilleschote, 70–80 ml Milch, 125 g Naturjoghurt, 1 Banane in Scheiben, Saft von 1/2 Zitrone

Mittags machen Sie sich einen Papayasalat.

Papayasalat

Papayafleisch mit dem Rucola oder der Brunnenkresse mischen. Die Shrimps mit der Chilischote im Saft einer Limette dünsten und mit weißem Pfeffer würzen. Wenn die Shrimps fertig sind, unter den Salat mischen. Dazu gibt es eine Sauce aus dem Saft einer Limette und einem Teelöffel Dijonsenf.

für eine Person:
1 Papaya, 1 Bund Rucola oder zwei Hände voll Brunnenkresse, 6–10 Shrimps, 1 Chilischote, Saft von 2 Limetten, weißer Pfeffer, 1 Teelöffel Dijonsenf

Gegen den Hunger zwischendurch trinken Sie am besten eine Tasse Tee mit Milch, denn alles, was noch weniger Kalorien enthält, verdirbt die Laune. Oder macht es Sie etwa glücklich, rohe Karotten oder Reiskräcker zu knabbern?
Für abends: Suppe satt!

Tomatensuppe

Tomaten vierteln, Gurke schälen und würfeln. Mit dem Gemüsefond bedecken und weich kochen. Dann pürieren und mit Salz und Pfeffer abschmecken und mit frischem Dill würzen. Wenn Sie jetzt noch hungrig sind, gehen Sie tanzen, dabei bauen Sie Fettpolster ab und denken garantiert nicht an Essen!

für eine Person:
8 Strauchtomaten, 1 große Gurke, 400 ml Gemüsefond, Salz, Pfeffer, gehackter Dill

gegen

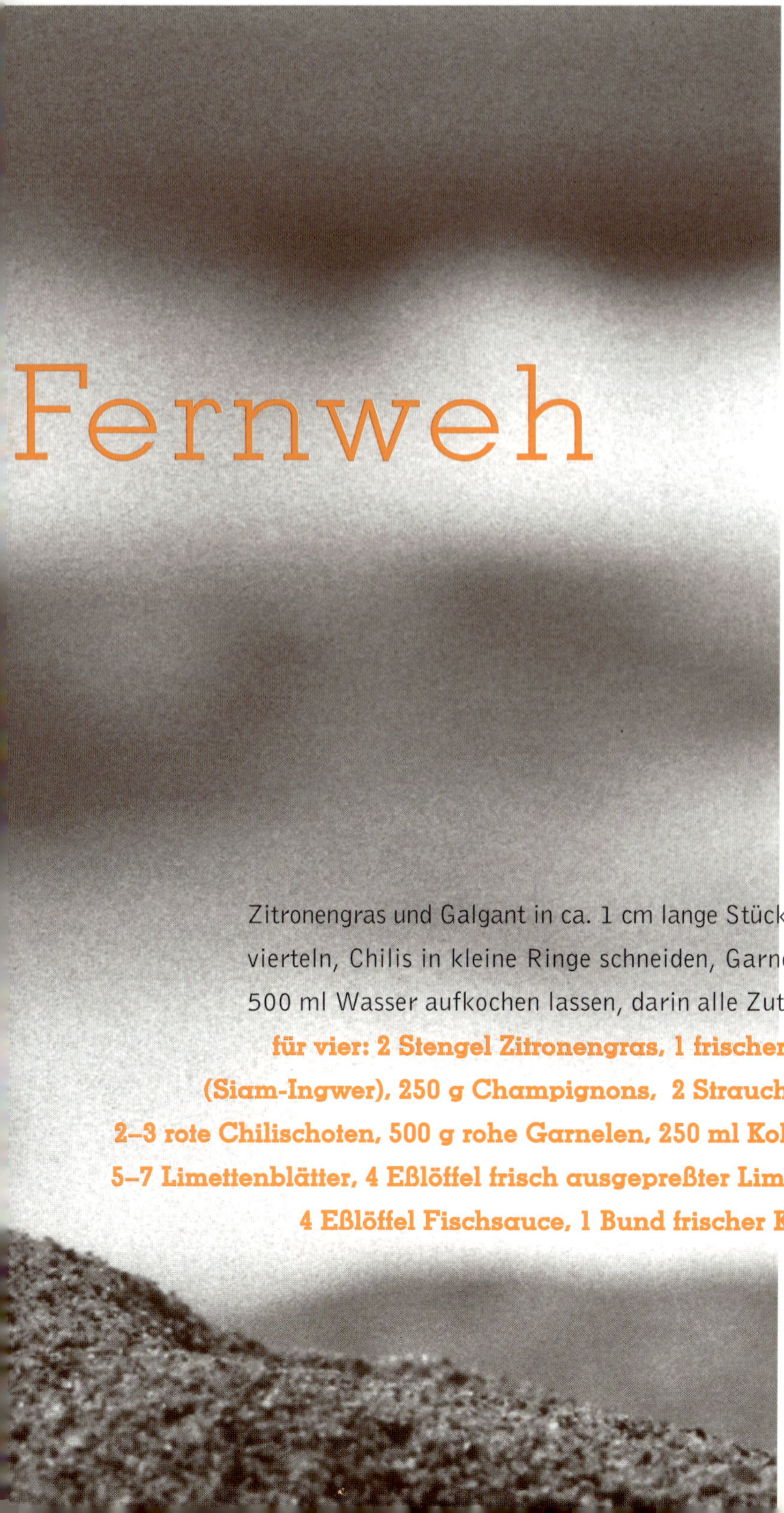

Fernweh

Thailand war wunderbar. Als wir zu Hause ankommen, regnet es, und der Briefkasten ist voller Rechnungen. Ich frage mich, wieso ich zurückgekommen bin?

Tom Yam Gung

für vier: 2 Stengel Zitronengras, 1 frischer Galgant (Siam-Ingwer), 250 g Champignons, 2 Strauchtomaten, 2–3 rote Chilischoten, 500 g rohe Garnelen, 250 ml Kokosmilch, 5–7 Limettenblätter, 4 Eßlöffel frisch ausgepreßter Limettensaft, 4 Eßlöffel Fischsauce, 1 Bund frischer Koriander

Zitronengras und Galgant in ca. 1 cm lange Stücke schneiden, Pilze kleinschneiden, Tomaten vierteln, Chilis in kleine Ringe schneiden, Garnelen waschen. Kokosmilch zusammen mit 500 ml Wasser aufkochen lassen, darin alle Zutaten etwa 10 Minuten bei mittlerer Hitze kochen lassen. Vor dem Servieren frischen, gehackten Koriander hinzufügen.

für Erfolgsmensch
es werden wollen

Ich liebe meinen Job! Wir haben den Kunden aus New York tatsächlich geangelt, was bedeutet, daß jemand von uns dorthinfahren darf... Keine Frage: Dieser Jemand bin ich! Im Geiste packe ich schon die Koffer, lasse mir aber nichts anmerken, damit die anderen nicht denken, ich sei wegen meines Erfolgs überheblich geworden. Für Ella wird es besonders hart, schließlich hat sie die ganze Zeit eng mit mir zusammengearbeitet – aber, hey: Es kann eben nur eine von uns im Flieger sitzen... durch die Straßen von SoHo schlendern... mit dem Kunden, der eine supercharmante Telefonstimme hat, im Rainbowroom einen Cocktail schlürfen. Ich rufe Josh an und sage ihm, daß er sich seelisch schon mal auf meinen Besuch vorbereiten soll!

Tagliatelle mit Jakobsmuscheln

Die Nudeln in Salzwasser kochen. Für die Sauce die Frühlingszwiebel würfeln und in etwas Butter mit dem Rosmarin dünsten. Den ausgepreßten Saft von zwei Orangen dazugeben, mit Pfeffer und Salz würzen und die Sauce ein paar Minuten köcheln lassen. Inzwischen die Jakobsmuscheln 3 bis 4 Minuten in etwas Butter braten. Die restlichen

en und solche, die

in Orangenbutter

Orangen schälen, in Scheiben schneiden und dazugeben. Die Sauce vom Herd nehmen, die Sahne dazu und über die Jakobsmuscheln gießen. Mit den Nudeln servieren.

für vier: 600 g Linguine oder Tagliatelle, Salz, 1 Frühlingszwiebel, etwas Butter, 1 Rosmarinzweig, 4 Orangen, weißer Pfeffer, Salz, 12 Jakobsmuscheln, 2 Eßlöffel Sahne

Über die Form von Spargel ließe sich einiges sagen, was schon hundertmal gesagt wurde, über seinen Geschmack läßt sich nicht streiten, über seine Zubereitung um so heftiger, wie ich feststelle, als ich meine Freunde zum Essen einladen will. Markus, der zur Zeit einem Typen aus Florenz hinterherschmachtet, besteht auf mediterraner Zubereitung, Lynn rührt die Werbetrommel für ein asiatisches Rezept, und Tobias, von dem ich am wenigsten Zicken erwartet hatte, mag Spargel nur ganz traditionell, so, wie seine Mami ihn zubereitet... Na, das kann ja heiter werden!

das männlichste

aller Gemüse

Spargel mediterran

Den Spargel in wenig Wasser kochen und den Sud aufbewahren. Pressen Sie den Knoblauch in den Sud, dann die Muscheln dazugeben (sie sollten vom Sud bedeckt sein). Weißwein, Salz und Pfeffer hinzufügen und köcheln lassen, bis die Muscheln aufgehen. In der Zwischenzeit die Nudeln kochen und abgießen. Dann mit etwas Olivenöl zurück in den Topf und die Muscheln mitsamt Sud dazugeben. Zum Schluß den gekochten Spargel untermischen.

für vier:
250 g grüner Spargel,
1 Knoblauchzehe,
500 g Venusmuscheln,
150 ml Weißwein, Salz, Pfeffer,
500 g Tagliatelle oder Linguine,
etwas Olivenöl

Lynns thailändische Spargelsuppe

Erhitzen Sie die Kokosmilch mit 250 ml Wasser. Grüne Currypaste nach Geschmack unterrühren. Spargel, Thai Auberginen und den Babymais dazugeben. Ein paar Tropfen Sesamöl hinzufügen. Das Ganze etwa 10 Minuten kochen lassen, dann die kleingeschnittenen Fischfilets dazu und weitere 4 bis 5 Minuten köcheln lassen. In der Zwischenzeit die Frühlingszwiebeln längs in feine Streifen schneiden und 1 bis 2 Zweige Koriander fein hacken. Beides vor dem Servieren unter die Suppe rühren.

für vier: 250 ml Kokosmilch,
etwas grüne Currypaste,
250 g thailändischer Spargel,
4–5 halbierte Thai-Auberginen,
längshalbierter Babymais,
etwas Sesamöl,
300 g kleingeschnittene Fischfilets,
2 Frühlingszwiebeln,
frischer Koriander

Spargel à la Tobias

Schälen Sie den Spargel und kochen ihn etwa 15 Minuten lang, dann schwenken Sie ihn in Butter und servieren ihn mit den hartgekochten Eiern, dem Schinken und frischer Petersilie.

Dazu: Frühkartoffeln.

für vier:

500 g weißer Spargel,
etwas Butter,
3 hartgekochte, gehackte Eier,
300–400 g gekochter, gewürfelter Schinken,
Petersilie

für Sonnenhungri
Frischluftfanatiker

Endlich Sonne! Wie wär's mit einem Picknick im Grünen?

Limettenhuhn

Limetten- oder Zitronensaft mit Senf, Weißwein oder Sherry, Rosmarin, Salz und Pfeffer vermischen. Das Huhn rundherum mit der Mischung bestreichen, dann in eine feuerfeste Form setzen. Restliche Marinade darüber gießen. Bei 200 °C im Ofen etwa 45 Minuten bis 1 Stunde garen. Dabei zwischendurch mehrmals mit der Marinade begießen und wenden. Kalt essen!

für vier bis sechs:
Saft von 3 Limetten oder Zitronen,
3 Eßlöffel Dijonsenf,
75 ml Weiß-wein oder Sherry,
1 Zweig gehackter Rosmarin,
Salz, Pfeffer, 1 Brathuhn

ge und

Brezndips

Obatzta

Den Camembert mit einer Gabel zerdrücken und mit der weichen Butter vermischen. Dann die Zwiebel unterrühren. Mit Paprikapulver, Pfeffer, Salz und Bier würzen.

für viele: 250 g reifer, weicher Camembert, 75 g weiche Butter, 1 kleine, fein gewürfelte Zwiebel, rosenscharfes Paprikapulver, Pfeffer, Salz, 2 Eßlöffel Bier

Parmesanaufstrich

Parmesan und Butter gut vermengen. Weißwein oder Sherry dazu, mit Salz und Zitronenpfeffer würzen.

für viele: 150 g frisch geriebener Parmesan, 100 g weiche Butter, 2 Teelöffel Weißwein oder Sherry, 1 Prise Salz, Zitronenpfeffer

Sardellencreme

Die Aubergine würfeln, die Sardellen gut abtropfen lassen und beides zusammen kochen. Sobald die Aubergine weich ist, die Kapern unterrühren. Das Ganze pürieren und abkühlen lassen. Wenn die Creme erkaltet ist, das Olivenöl untermischen.

für viele: 1/2 Aubergine, 1 Glas eingelegte Sardellen, 1 Eßlöffel Kapern, 1 Teelöffel Olivenöl

Aioli

Alle Zutaten bis auf das Olivenöl mit einem Handmixer gründlich verquirlen. Sobald die Masse beginnt cremig zu werden, unter ständigem Rühren nach und nach das Öl tropfenweise langsam zufügen. Die Knoblauchmayonnaise sollte vor dem Servieren gut gekühlt werden.

für viele: 6 Eigelb, 1 Teelöffel Dijonsenf, 1 Teelöffel Zitronensaft, 6 durchgepreßte Knoblauchzehen, 1 Teelöffel heißes Wasser, ca. 500 ml Olivenöl

Kisir

(Türkischer Weizengrütze-Salat)

Etwa 220 ml Wasser zusammen mit 1 Eßlöffel Öl aufkochen. Dann abkühlen lassen. Die Weizengrütze in eine Schüssel geben. Sobald die Wasser-Öl-Mischung lauwarm ist, die Weizengrütze damit bedecken. Immer wieder nachgießen, bis die Grütze die gesamte Flüssigkeit aufgesogen hat und weich ist – das dauert etwa 20 Minuten. Währenddessen die übrigen Zutaten für den Salat kleinschneiden, dann mit der abgegossenen Grütze vermengen. Zum Schluß die Zutaten für die Sauce vermischen und darüber gießen. Gekühlt servieren.

für vier:
für den Salat: 1 Eßlöffel Öl, 150 g Weizengrütze, 2–3 Tomaten, 2–3 Peperoni, 1 Bund Frühlingszwiebeln, 1 Prise Salz, 1 Prise Pfeffer, gemahlener Kümmel, 1 Bund Petersilie
für die Sauce: 1 Eßlöffel Tomatenmark, 1 Teelöffel Paprikapulver, 2 Eßlöffel Olivenöl, Saft von 2–3 Zitronen

An manchen Tagen überlegt man, einfach alles hinzuschmeißen und von seinem Vermögen zu leben... bis einem einfällt, daß man keines hat!
Heute mußte ich mit einem Kunden zum Essen gehen, der vor dem gesamten Lokal sein deprimierendes Privatleben ausbreitete, während er mit Zahn-

gegen Jobfrust

stochern in seinem Mund herumfuhrwerkte, als sei die Lösung seiner Probleme in seinem Gebiß versteckt. Zwischendurch bimmelte dauernd das Handy, und wenn er abnahm, erhöhte sich sein Stimmvolumen um weitere Dezibel, damit auch die Leute im Nachbarhaus über den Stand seiner wichtigen Gespräche informiert waren. Als krönenden Abschluß zettelte er mit der Kellnerin einen Streit wegen der Rechnung an, obwohl ich zahlte. Sowas nennt man Kundenpflege! Und wer pflegt mich? Als ich endlich wieder im Büro war und mich in Sicherheit vor den Grausamkeiten des Lebens wähnte, teilte mir mein Boss mit, daß Ella nach New York fahren wird, während mir die ehrenvolle Aufgabe zukommt, das Projekt von der Heimatbasis aus zu betreuen. Ab heute spiel' ich wieder Lotto!

Tiramisu alla Cioccolata

Eigelbe mit dem Zucker und dem Kakaolikör schaumig rühren, dann den Mascarpone unter die Masse rühren. Die Sahne steif schlagen und unterheben. Den Kuchen in Scheiben schneiden und in kalten Kaffee tauchen, eine Kuchenplatte oder einen großen Teller mit einer Schicht getränktem Kuchen auslegen, dann Mascarponemasse darüberstreichen und

mit einer Kuchenschicht belegen. Den Vorgang wiederholen, bis sich das Ganze zu einem Tiramisu-Berg türmt. Mit Kakaopulver bestäuben.

Sie werden sehen, allein vom Anblick dieses süßen Bergs wird es Ihnen besser gehen, und spätestens wenn Ihnen schlecht ist, weil sie zu viel davon genascht haben, ist der Kummer garantiert vergessen.

für viele, oder viele Portionen für eine: 2 Eigelb, 100 g Zucker, 5–6 Eßlöffel Kakaolikör, 500 g Mascarpone, 200 ml Sahne, ca. 500 g italienischer Trockenkuchen (Panettone, ohne Rosinen), ca. 150 ml kalter Kaffee, Kakaopulver

Party

Hilfe, ich werde schon wieder ein Jahr älter! Damit der Frust gar nicht erst aufkommt, beschließe ich, ein Fest zu machen.
Eine Party soll Spaß machen, besonders den Gastgebern – schließlich sind sie es ja, die etwas zu feiern haben. Also kein Streß mit der Zubereitung komplizierter kulinarischer Highlights, denn jetzt ist nicht der Zeitpunkt, den Wettbewerb mit internationalen Gourmetköchen anzutreten! Partys, auf denen alle die tollen Häppchen loben, sind sowieso stinklangweilig. Ihre Gäste wollen sich amüsieren, also sorgen Sie für ausreichend Getränke, denn es ist der totale Killer, wenn sich die halbe Truppe zu später Stunde auf den Weg macht, um irgendwo einen überteuerten Fusel zu erstehen, und für Essen, zu dem man kein Besteck braucht.

Scharfe Cocktailnüsse

für je 2 Tassen geschälte Erdnüsse: 1 Eßlöffel Chilipulver, 1 Eßlöffel Paprikapulver, 1/2 Eßlöffel Cayennepfeffer, 1 gute Prise Salz, sofern Sie keine gesalzenen Nüsse gekauft haben, etwas Öl

Mischen Sie die Gewürze und etwas Öl zusammen und rollen die Nüsse darin. Backen Sie sie heiß ca. 10 Minuten auf einem Blech im Ofen. Sie können die Nüsse schon Tage vor der Party vorbereiten und aufbewahren.

Chickenwings

für viele: ca. 125 g Dijonsenf, 3 Eßlöffel Weißweinessig, 3 Eßlöffel Orangensaft, 125 g Honig, 1 Eßlöffel Chilisauce, 1 Eßlöffel Sojasauce, 1 durchgepreßte Knoblauchzehe, 16–20 Hühnerflügel

... es ist nicht so, daß ohne die Knabberteile keine Party steigen kann – oder doch? Chickenwings sind jedenfalls der absolute Renner! Alle Zutaten verrühren und die Hühnerflügel über Nacht darin marinieren lassen. Bevor die Gäste kommen, die abgetropften Hühnerflügel auf einem Backblech verteilen und bei höchster Temperatur (Gas: 300 °C) 20 bis 30 Minuten backen. Warm servieren.

Bohnen Salsa

für viele: 500 g Kidney-Bohnen, 2 vollreife Mangos, 1 rote, gehackte Zwiebel, Limettensaft, Salz, roter Pfeffer, evtl. Kümmelpulver

Kidney-Bohnen abtropfen lassen. Fruchtfleisch der Mangos kleinschneiden und mit einem Pürierstab unter die Bohnen mischen, bis die Masse cremig wird. Die Zwiebel unterrühren, etwas Limettensaft darüberträufeln und das Ganze mit Salz, rotem Pfeffer und nach Belieben mit etwas Kümmelpulver würzen.

Erdnuß Salsa

für viele: 2 Eßlöffel Fischsauce, 2 Eßlöffel Limettensaft, 2 große, vollreife Tomaten, 1 Eßlöffel brauner Zucker, ca. 200 g grobe Erdnußbutter, frische Korianderblätter

Alles zusammen in den Mixer,
gut durchmixen und fertig!

Chili Salsa

für viele: 100 g frische rote und 100 g grüne Chilischoten, 1 Eßlöffel Öl, 1 kleingeschnittene Frühlingszwiebel, 2 kleingeschnittene Knoblauchzehen, 1 kleingeschnittene Korianderwurzel, 1 Eßlöffel Fischsauce, etwas Zitronensaft

Die Chilischoten kleinschneiden und im Öl andünsten. Frühlingszwiebel, Knoblauch und Korianderwurzel hinzufügen. Mit einer halben Tasse Wasser (ca. 125 ml) aufgießen. Dann das Ganze pürieren, die Fischsauce und ein paar Tropfen Zitronensaft dazugeben.

Ofenkartoffeln

für viele: 4 kg oder mehr festkochende Kartoffeln, Salz, Fett für das Blech

...oder gekaufte Tortillachips zu den Salsas. Die gewaschenen Kartoffeln vierteln und mit einem nassen Tuch zugedeckt im Kühlschrank stehen lassen, damit sie sich nicht verfärben. Wenn der Hunger zuschlägt, muß man sie nur salzen und auf einem gefetteten Blech im Ofen bei 250 °C etwa 30 Minuten backen lassen.

Rezepte

Das Fest war ein voller Erfolg und meine
Wohnung sieht entsprechend aus.
Ich leider auch!

zum Wiedergewin

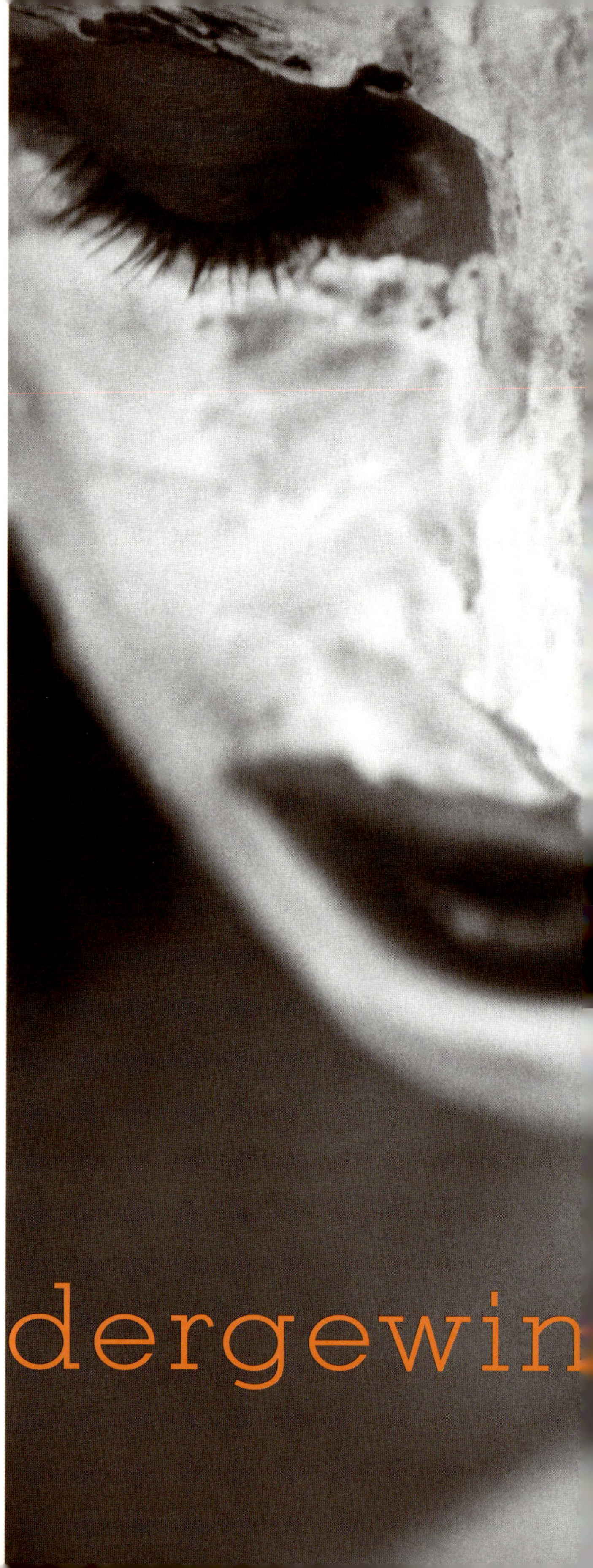

Muntermacher-Maske

Die Spuren der letzten Nacht verschwinden aus Ihrem Gesicht, wenn Sie sich eine Maske aus Magerquark mit ein paar Tropfen Limettensaft gönnen. Mischen Sie die Zutaten einfach zusammen und tragen Sie die Maske auf. Wenn sie eingetrocknet ist, hat sie ihre Wirkstoffe an die Haut abgegeben und Sie können sie abwaschen. Macht die Haut frisch und rosig.

für eine müde Partyqueen: 3–4 Eßlöffel Magerquark, etwas Limettensaft

Vitamin-Maske

Eine reife Avocado zerdrücken und mit ein paar Tropfen Olivenöl vermischt auf die Haut auftragen. Etwa 10 Minuten einwirken lassen und dann sanft abspülen. Die Hautvitamine A und E machen Sie ruckzuck wieder schön!

für eine erschöpfte Schönheit: Fruchtfleisch von 1 reifen Avocado, etwas Olivenöl

nen der Schönheit

gegen Reisefieber und andere Krankheite

Es gibt also doch eine himmlische Gerechtigkeit, die in Form einer Sommergrippe dafür sorgt, daß Ella das Bett hüten muß und ich nach New York darf!

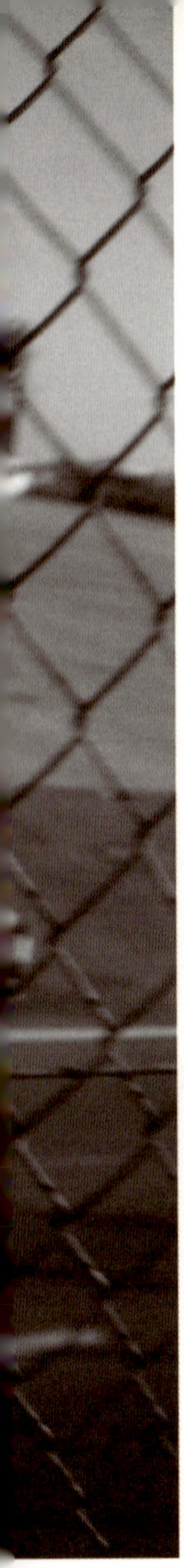

Gegen eine ausgewachsene Erkältung hilft nur im Bett bleiben und Zeitschriften lesen. Und heiße Hühnersuppe schlürfen! Sie ist einfach herzustellen, und entfaltet ihre magischen Wirkstoffe, je länger sie köchelt. Schicken Sie jemanden zum Einkaufen und lassen sich verwöhnen!

garantiert heilende Hühnersuppe

Für die Brühe alle Zutaten in einem Topf mit Wasser bedecken und 1 bis 1 1/2 Stunden auskochen lassen. Dann die Brühe abgießen und aufbewahren, den Rest wegwerfen.

Für die Suppe lassen Sie Ihren Koch die Zutaten putzen, kleinschneiden und in der Brühe nochmals 30 Minuten kochen.

Essen Sie stündlich eine Tasse Suppe, so lange, bis Sie sie nicht mehr sehen können und den Teller an die Wand schmeißen, was bedeutet, daß Sie wieder bei Kräften sind.

zwei Tagesrationen für eine kranke Person:

für die Brühe:

1 Suppenhuhn, 1 große weiße geviertelte Zwiebel, 1 geviertelte Sellerieknolle, 1 grob zerkleinerte Petersilienwurzel, 2–3 dicke grob zerkleinerte Mohrrüben, 2 geviertelte Kartoffeln, Salz, Pfeffer

für die Suppe:

3 Hühnerbrüste, 2 Mohrrüben, 1 Kartoffel, 1 Selleriestange, fein gehackte Petersilie

Wir sitzen in Joshs Küche. Es ist mein letzter Abend, und er hat ein paar Freunde eingeladen. Beim Essen kreist das Thema um das Unvermeidliche: Die chronischen Paarungsschwierigkeiten der New Yorker. Josh meint, das Problem sei, daß nette Menschen die Stadt früher oder später verlassen. Was übrig-

für Großstadtskla

bleibt, ist ein Haufen knallharter Egomanen, deren bestentwickeltes Körperteil die Ellenbogen sind und die das Wort Kompromiß für die Bezeichnung einer tödlichen Krankheit halten. Donna, eine attraktive, erfolgreiche Frau und seit Menschengedenken Single, will von Josh wissen, welche Macke er seiner Traumfrau zugestehen würde? Josh überlegt – einen Tick zu lange – und daraufhin brechen die anderen in schallendes Gelächter aus…

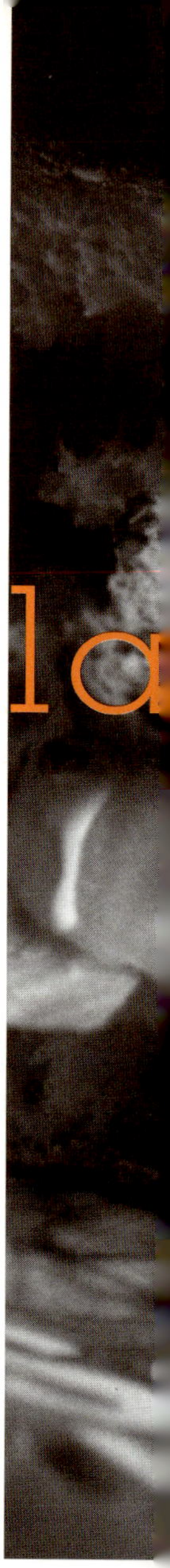

New York lamb pita pocket sandwich

für vier:
für die Marinade: 250 g Naturjoghurt, 1 Eßlöffel Öl, Saft von 1/2 Zitrone, 2 durchgepreßte Knoblauchzehen, 1 Handvoll frische gehackte Minzeblätter, Salz, schwarzer Pfeffer

Die Zutaten für die Marinade vermischen und in zwei Portionen aufteilen. Die eine Hälfte kommt auf das Lammfleisch. Fleisch und Marinade gut vermengen und das Ganze zwischen 1 Stunde und 1 Tag im Kühlschrank ziehen lassen. Dann das Fladenbrot im Ofen anwärmen. Währenddessen das Lammfleisch

abtropfen lassen, mit etwas Küchenpapier trockentupfen und in einer Pfanne knusprig braten. Dann die Brote aus dem Ofen nehmen und vierteln. Jedes Viertel so aufschneiden, daß das Brot an der Kante noch zusammenhängt. Mit Salat und Fleisch belegen. Mit der restlichen Joghurtsauce begießen.

außerdem: 1 kg Lammfilet (in Scheiben), 6 runde Fladenbrote, Eisbergsalat

für süße Überraschungen

Manchmal holt einen die Vergangenheit gnadenlos ein! Barry hat seinen Besuch angekündigt! Lynn hatte den Guten schon ganz vergessen... ob er ihr überhaupt noch gefällt? Sie fürchtet, daß es mit Urlaubsflirts genauso ist, wie mit Klamotten, die man auf Reisen kauft: Zu Hause passen sie nicht mehr! Um sich dieser Frage nicht alleine stellen zu müssen, lädt sie ein paar fachkundige Single-Frauen zu einer spontanen Begutachtungs-Party.

5,9
5,5
5,8
5,7

Orangensuppe

für vier bis sechs: 1 kg Tomaten, 2 gehackte Frühlingszwiebeln, 300 ml Gemüsefond, 3 Orangen, 1 Eßlöffel Maismehl, Salz, Pfeffer, Basilikum, Koriander und Petersilie, gehackt

Die Tomaten kleinschneiden, mit den Frühlingszwiebeln im Gemüsefond kochen und anschließend pürieren. Die Orangen auspressen, den Saft mit dem Maismehl verrühren und unter das Püree mischen. Die Suppe unter Rühren nochmals kurz aufkochen lassen, bis sie eindickt. Dann vom Herd nehmen und mit Salz, Pfeffer und den gehackten Kräutern abschmecken.

Rum-Honig-Pute

für vier: 3 Putenbrustfilets, Saft von 1 Zitrone, 3 Eßlöffel Honig, 100 g Waldpilze, 1 durchgepreßte Knoblauchzehe, etwas Butter, 220 ml brauner Rum, 2 Eier, 100 ml Sahne, gehackte Petersilie

Die Putenbrustfilets kleinschneiden, mit dem Zitronensaft und dem Honig beträufeln, in den Kühlschrank stellen und 30 Minuten ziehen lassen. Jetzt können Sie sich schönmachen, fernsehen, oder die Suppe vorbereiten. Dann die Waldpilze mit der Knoblauchzehe in etwas Butter in einer Pfanne anbraten. Mit dem braunen Rum aufgießen, das Fleisch dazugeben und zugedeckt 30 Minuten köcheln lassen. Eier mit der Sahne verquirlen. Kurz vor dem Servieren die Eiermischung über das Fleisch gießen und alles zusammen etwa 1 Minute köcheln lassen. Mit Petersilie würzen und servieren. Dazu ißt man Süßkartoffeln.

Süßkartoffeln aus dem Ofen

Die Süßkartoffeln schälen und raspeln, die Bananen in kleine Würfel schneiden und beides in eine gefettete feuerfeste Form legen. Mit Salz und frisch geriebener Muskatnuß würzen. Den Rum mit der Sahne verrühren, darübergießen, und alles bei 200 °C etwa 45 Minuten im Ofen backen.

für vier:
2 große Süßkartoffeln,
2 Bananen, Fett für die Form,
Salz, Muskatnuß,
220 ml Rum, 200 ml Sahne

Südstaatenessen à la Barry weckt entweder süße Erinnerungen oder fördert das Vergessen – je nachdem, wie Sie den Rum dosieren. Wenn die gewünschte Wirkung noch nicht eingetreten ist, probieren Sie's doch mal mit einem

Iced-Tea

Den Tee in ein großes Becherglas auf Eis gießen. Restliche Zutaten zufügen und alles gut verrühren.

pro Person:
220 ml kalter Schwarztee,
Saft von 1/2 Limette,
4 cl Orangensaft,
1 cl Triple sec,
2 cl brauner Rum,
2 cl Gin,
1 Schuß Coca Cola

Nostalgie

Ich bin mit Moritz auf dem Spielplatz. Er kniet im Sand und buddelt wie ein Maulwurf. Ich muß ungefähr so alt gewesen sein wie er, als ich in unserem Garten angefangen habe ein Loch zu graben, das so tief werden sollte, daß ich die Leute in Neuseeland an den Füßen kitzeln könnte... Als Anerkennung für die harte Arbeit hat meine Mutter mir mein Lieblingsessen gekocht. Vielleicht wollte sie mich ja trösten, weil sie geahnt hat, daß ich auf diesem Weg nicht ans andere Ende der Welt kommen würde?

Muttis Quarkknödel

Eiweiß steif schlagen. Die Butter gut verrühren, Eier, Eigelb und Salz dazugeben und schaumig rühren. Quark hinzufügen, dann Maismehl und Semmelbrösel untermischen, zum Schluß den Eischnee unterheben. Alles mit den Händen vermengen. Mit angefeuchteten Händen aus der Masse tennisballgroße Knödel formen, und je eine entkernte Kirsche oder Zwetschge hineingeben. Knödel in schwach kochendem Wasser 20 Minuten ziehen lassen. Dann gut abtropfen lassen und mit gebräunter Butter, Zimt und Zucker essen.

für vier:
2 Eiweiß, 75 g weiche Butter,
2 Eier, 2 Eigelb, 1 Prise Salz,
750 g Speisequark, 1 Eßlöffel Maismehl,
250 g Semmelbrösel,
entkernte Kirschen oder Zwetschgen,
Butter, Zimt, Zucker

Mitternachtssnack der Tankstelle

mit Zutaten von

Tobias und ich waren auf einem Konzert. Er stand die ganze Zeit hinter mir und hatte den Arm um mich gelegt… Als wir rauskamen, waren alle Kneipen knallvoll, so daß wir beschlossen haben, an der Tanke eine Flasche Wein und ein paar andere Sachen zu kaufen und es uns zu Hause gemütlich zu machen.

Nudeln in Olivensauce

**für zwei: 350 g Nudeln,
1 Glas Oliven ohne Kern,
2 durchgepreßte Knoblauchzehen,
1 Eßlöffel Olivenöl**

Die Nudeln kochen. Inzwischen für die Sauce Oliven und Knoblauchzehen im Olivenöl andünsten. Anschließend pürieren und mit den Nudeln servieren. Wenn vorhanden, kann man die Sauce mit frischen Kräutern aus Balkonien würzen.

Abkühlung für heiß erhitzte Gemüter

Ich brüte auf meinem Balkon in der Sonne und bin kurz davor, wegzuschmelzen, als Melanie aufgeregt anruft. Sie hat durch Zufall erfahren, daß der nette Vater vor ein paar Wochen von der Kindsmutter verlassen wurde. Melanie regt sich fürchterlich darüber auf, weil sie, anstatt die Gelegenheit bzw. den Mann beim Schopf zu packen, ihn mit ihrem pseudo-coolen Verhalten vergrault hat.
In diesen und ähnlichen Katastrophenfällen sollte man einen kühlen Kopf bewahren. Dazu kann man ihn entweder in einen Eimer kaltes Wasser stecken oder die Körpertemperatur auf angenehme Weise senken, indem man Eis ißt.

Tropische Eiscreme-Terrine

für vier bis sechs:
1 vollreife Ananas, 2 Papayas, etwas frisch geriebener Ingwer, Saft von 1 Orange, abgeriebene Schale von 1 unbehandelten Orange, 100 ml Sahne

Die Ananas schälen, das Fruchtfleisch in feine Scheiben schneiden und eine Schüssel damit auslegen. Das Fruchtfleisch der Papayas pürieren und mit etwas geriebenem Ingwer vermischen. Orangensaft und -schale mit der Sahne verquirlen. Zum Papayapüree geben, das Ganze vermischen und über die Ananasscheiben gießen. Ins Gefrierfach stellen. Wenn die Terrine gefroren ist, in Scheiben schneiden und servieren.

ße Tage und

Orangensorbet mit Rosmarin

Zucker in 200 ml Wasser erhitzen und darin auflösen. Ein paar Rosmarinnadeln dazugeben. Orangensaft und -schale unterrühren. Die Flüssigkeit abkühlen lassen. Inzwischen das Eiweiß steif schlagen, dann unter die abgekühlte Flüssigkeit mischen. In eine Schüssel füllen (in Edelstahl oder Metall gefriert Sorbet schneller, aber Plastik geht auch) und ab ins Kühlfach.

für vier bis sechs:
250 g Zucker, 1 kleiner Zweig Rosmarin, 500 ml frisch gepreßter Orangensaft, abgeriebene Schale von 1 unbehandelten Orange, 1 Eiweiß

Samstagmorgen im Tiefschlaf. Ich kann Paulas Geschnatter auf dem Anrufbeantworter bis in meine Träume hören. Ich versuche, sie zu ignorieren, aber ohne Erfolg. Also stehe ich auf. Paula will wissen, ob ich

Powerdrink

nicht spontan Lust hätte, sie zur Hochzeit ihres Ex zu begleiten. Es wird bestimmt ein tolles Fest!! Sie ist so froh, daß sie gute Freunde geblieben sind, und er ihr verziehen hat, daß sie seine Lieblingsbettwäsche zu Putzlappen verarbeitet hat!!! Ich bin noch dabei, auf das spontan aufkommende Lustgefühl das große Ereignis betreffend zu warten, als Paula in einem Tonfall, der keinen Widerspruch duldet, verkündet, sie werde mich in einer halben Stunde von zu Hause abholen. Ich bin zu müde um zu protestieren…

Bombay-Bombe

Achtung: Indischer Tee ist nichts für zarte Gemüter! Ingwer, ganze schwarze Pfefferkörner, Kardamom und Kleesamen zusammen mit schwarzem Tee in ein Teesieb geben und mit heißem Wasser aufbrühen. 4 Minuten ziehen lassen. Trinken Sie den Tee mit gesüßter Kondensmilch. Sie werden merken, daß er seinem Namen alle Ehre macht.

pro Portion:
je 1/2 Teelöffel gemahlener Ingwer, schwarze Pfefferkörner, gemahlener Kardamom und Kleesamen, 2 Teelöffel schwarzer Tee, gesüßte Kondensmilch

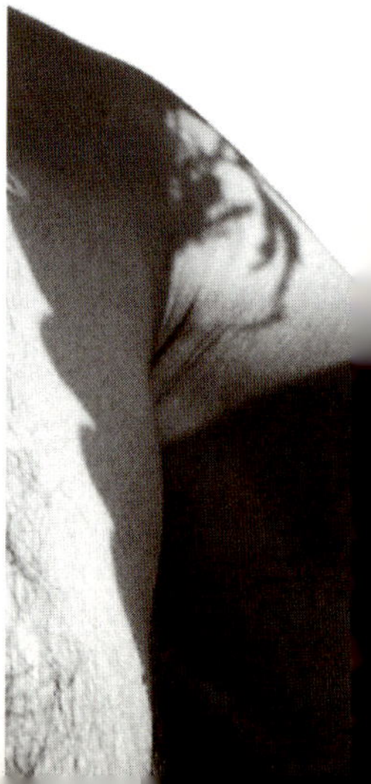

Kräuter-Lassi

Joghurt mit Wasser und den kleingeschnittenen Kräutern in den Mixer geben, mit einer winzigen Prise Salz und einem Schuß Pfeffer würzen. Trinken Sie Ihr Lassi auf Eis oder lassen Sie es sich von einem netten Mann servieren – das weckt garantiert die Lebensgeister!

pro Portion: 100 ml Joghurt, ebensoviel Wasser, Petersilie, Schnittlauch, weitere Kräuter nach Belieben, Salz, Pfeffer

African Queen

Die Kardamomkapsel längs aufschlitzen und unter Ihr Espressopulver mischen. Trinken Sie den Espresso schwarz und mit viel Zucker – das vertreibt den Schlaf in Null Komma nichts!

pro Portion: 1 frische Kardamomkapsel, Espressopulver, Zucker

Die Hochzeit war ein Desaster! Kaum waren wir dort, fing Paula an zu hyperventilieren, weil die Braut um einiges hübscher war, als sie gehofft hatte. Ich tröstete sie mit der Vermutung, daß die Schöne bestimmt strohdumm sei, worauf Paulas Atem kurzzeitig ruhiger wurde. Doch als der Brautvater sagte,

Poweressen

er freue sich, daß seine Tochter trotz Schwangerschaft nicht vorhabe, ihren hochdotierten Job als leitende Ich-weiß-nicht-was aufzugeben, lief Paula blau an und mußte fluchtartig den Raum verlassen. Den restlichen Nachmittag verbrachten wir in Paulas Wohnung, wo sie versuchte, ihre Atemprobleme durch die Zufuhr alkoholischer Getränke in den Griff zu kriegen. Ich versteh' nicht, wie er so kurz nach der Trennung von mir eine Neue haben kann, japst sie in regelmäßigen Abständen von fünf Minuten. Was Paula jetzt braucht, ist etwas Kräftiges zu essen!

Steaksandwich

Lassen Sie die Steaks in etwas Butter anbraten und mischen in der Zwischenzeit die Zutaten für die Sauce zusammen. Die Steaks leicht salzen und pfeffern. Dann legen Sie ein Salatblatt auf je eine Scheibe Brot, Gurkenscheiben und ein fertiges Steak darauf. Jeweils Sauce darüber gießen. Wenn Sie das nicht wieder auf die Beine bringt, konsultieren Sie Ihren Arzt oder Apotheker, oder kaufen Sie sich ein schönes Parfum!

für zwei: 2 Steaks von glücklichen Kühen, etwas Butter, Salz, Pfeffer
Für die russische Sauce:
3 Eßlöffel Mayonnaise, 1 Eßlöffel Ketchup, 1 Teelöffel Meerrettich, 1 Teelöffel Worcestershiresauce
außerdem: Salatblätter, 4 Scheiben Roggenbrot, eingelegte saure Gurken oder Cornichons

für Sparsame

Ich hatte die glorreiche Idee, das Vermögen, das ich normalerweise einem Friseur in den Rachen werfe, zu sparen, und meine Strähnchen selbst nachzufärben. Das Ergebnis ist, daß ich wie ein Zebra aussehe und meine Wohnung in den nächsten Monaten nicht verlassen kann. Hilfe! Ich habe Hunger!!! Das einzige, was ich zu Hause habe, ist etwas Obst – wie lange werde ich überleben können?

geeiste Melonensuppe

Das Fruchtfleisch der Honigmelonen mit dem Orangensaft im Mixer pürieren. Den Gemüsefond einmal aufkochen lassen, dann unter das Melonenpüree mischen. Die Suppe in das Gefrierfach stellen, bis sie gut gekühlt ist.

Vor dem Servieren mit gehackter Minze bestreuen und pro Person einen Löffel Sahne dazugeben.

für vier: 2 vollreife Honigmelonen, Saft von 1 Orange, 100 ml Gemüsefond, gehackte Pfefferminze, 4 Eßlöffel Sahne

An einem Abend wie heute müßte man ein Pferd haben und in den Sonnenuntergang reiten. Oder ein spontanes Grillfest veranstalten!
Lynn hat Barry mitgebracht und ihn zum Feuermachen beordert. Ihre gastgeberischen Pflichten haben sie sichtlich erschöpft. Noch ein Tag Sightseeing und ich hab' keine Fußsohlen mehr, stöhnt sie, warum kann sich der Kerl nicht mal ohne mich amüsieren? Zum Glück erfüllen sich manche Wünsche schneller, als man denkt: Als wir zusammenpacken und nach Hause gehen wollen, sind Barry und Paula so in ihr Gespräch vertieft, daß sie uns zum Abschied nur kurz zuwinken. Wir gehen ohne sie los. Als ich mich noch mal umdrehe, sind sie aufgestanden und spazieren in die untergehende Sonne.

für Cowgirls

und -boys

Grillmarinaden

Zutaten verrühren oder mixen und Grillgut darin marinieren lassen oder damit bestreichen, für vier bis sechs:

Gemüsemarinade

2 durchgepreßte Knoblauchzehen, Thymianblätter, ca. 3 Eßlöffel Olivenöl, 1 Eßlöffel Balsamico-Essig

milde Geflügelmarinade

Saft von 1 Zitrone, 1 Eßlöffel Honig, 1 Eßlöffel Dijonsenf, Salz, 1–2 Teelöffel gehackter Rosmarin

scharfe Geflügelmarinade

1/4 Zwiebel, fein gehackt, 2 durchgepreßte Knoblauchzehen, 3 Eßlöffel Zitronensaft, 3 Teelöffel Korianderpulver, 3 Teelöffel Kreuzkümmelpulver, 3 Teelöffel Garam Masala, 50 g Naturjoghurt, 1 Prise Salz

Rindfleischmarinade

Fruchtfleisch von 2 großen Aprikosen, 2 Teelöffel brauner Zucker, 55 ml Worcestershiresauce, 55 ml Sojasauce, 1 Teelöffel frischer, fein gehackter Ingwer, 1 Teelöffel Ingwerpulver, ein paar Spritzer Tabasco, 2 Teelöffel Tomatenpüree, 1 geviertelte Knoblauchzehe

Lammfleischmarinade

2 Zweige frischer Rosmarin, 2 Zweige frischer Thymian, 1 durchgepreßte Knoblauchzehe, 1 kleine, gehackte Zwiebel, 100 ml Rotwein, 2 Eßlöffel Öl, schwarzer Pfeffer

mediterrane Marinade für ganze Meeresfische

Saft von 1 Zitrone, 1 Eßlöffel Olivenöl, 1 durchgepreßte Knoblauchzehe,

asiatische Marinade für Meeresfische oder Jakobsmuscheln

2 Eßlöffel Teriyaki-Sauce, ca. 100 ml Olivenöl, 2 klein gehackte Stengel Zitronengras, 2 durchgepreßte Knoblauchzehen, etwas frischer, fein gehackter Ingwer

für frischen Wind

Lynn hat ihr Projekt beendet und im selben Atemzug gekündigt. Etwas besseres als diesen Ausbeuterjob findet sie allemal, sagt sie mutig. Am besten, sie macht sich selbständig! Nie wieder schlechtgelaunte Chefs und feste Arbeitszeiten! Nie wieder dünner Kaffee aus verkalkten Kaffeemaschinen! Jetzt fängt ein völlig neues Leben an!

Seabreeze

pro Person: 3 cl Grapefruitsaft, 12 cl Preiselbeersaft, 5 cl Wodka

Grapefruit- und Preiselbeersaft vermischen, Wodka dazu und fertig ist der Cocktail, der Ihr Leben verändert!

im Leben

zum Abservieren

Ich bin gerade beim Kochen, als Theresa völlig aufgelöst ankommt und erzählt, daß ihr Gefühl sie doch nicht getäuscht hat: Ihr Liebster hat eine Affäre mit seiner Kollegin. Sie hat in seiner Kamera einen alten Film gefunden, den sie zum Entwickeln gebracht hat, weil sie dachte, es sei der Film von ihrer Party. War es aber nicht! Wir legen ein paar rohe Shrimps beiseite und gehen nach dem Essen in die Wohnung ihres Liebsten und stopfen sie in die Vorhangstange. Der Treulose wird noch lange seine Freude daran haben! Nach getaner Tat feiern wir unser Werk bei ein paar Brandy Alexander.

Maissuppe mit Shrimps

Die Maiskolben waschen und die Maiskörner am Kolben entlang runterschneiden. Kornlose Kolben und Blätter aufbewahren. Die Zwiebel in etwas Butter andünsten und mit Gemüsebrühe ablöschen. Die Kolben mitsamt den Blättern in die Brühe geben und etwa 15 Minuten auskochen. Mit Salz und Pfeffer würzen. In der Zwischenzeit die Sahne steif schlagen. Die Shrimps kleinschneiden und unterheben. Dann die Maiskolben und -blätter aus der Brühe nehmen, die Maiskörner zufügen und etwa 3 Minuten lang kochen lassen. Anschließend das Ganze pürieren. Die Shrimpssahne auf 4 tiefe Teller verteilen und jeweils mit Maissuppe auffüllen.

für vier:
8 frische Maiskolben,
1 fein gehackte Zwiebel,
etwas Butter,
500 ml Gemüsebrühe,
Salz, Pfeffer,
250 ml Sahne,
250 g gekochte Shrimps

Brandy Alexander

Sahne, Brandy und Crème de Cacao im Cocktailshaker auf Eiswürfeln kräftig aufschütteln, in ein Glas gießen und etwas Muskatnuß darüberreiben.

pro Person:
4 cl Sahne, 3 cl Brandy,
2 cl Crème de Cacao,
Muskatnuß

zum Verführen

Melanie hat ihren Mut zusammengenommen und den Mann ihres Herzens zu sich eingeladen. Er kommt zum Essen, kreischt Melanie in den Hörer, heute Abend! Sie hat keine Ahnung, was sie kochen soll? Es sollte verführerisch schmecken, muß aber schnell zuzubereiten sein, denn ihr bleibt zwischen Moritz' Zu-Bettgeh-Zeremoniell und dem Eintreffen des supersüßen alleinerziehenden Vaters nur wenig Zeit.

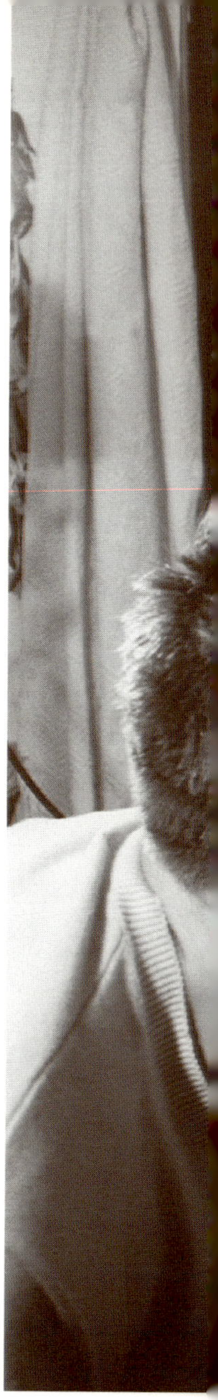

Champagnerrisotto

für vier: 2–3 Frühlingszwiebeln, 2 Eßlöffel Öl, 300 g Risottoreis (Arborio) 150 g Hummerkrabben oder gewürfeltes Weißfischfilet, 150 g Muscheln in der Schale, 500 ml Champagner oder Prosecco, Salz, Pfeffer, 1 Tütchen Safran, 500 ml Wildfond, 250 ml Sahne, geriebener Käse (am besten Pecorino oder Parmesan, aber ein ganz normaler Schmelzkäse tut es auch)

hört sich herrlich verrucht und entsprechend kompliziert an, ist aber superleicht zu machen. Falls Sie keinen Risottoreis bekommen können, verwenden Sie Milchreis.
Frühlingszwiebeln schneiden und im Öl glasig braten. Den Reis hinzufügen und rühren, bis er ebenfalls glasig ist. Dann Hummerkrabben oder Fisch und Muscheln dazugeben und mit Champagner oder Prosecco aufgießen. Salzen und pfeffern, Safran darüberstreuen. Sobald das Risotto kocht, den Wildfond dazugeben und den Herd zurückdrehen, so daß es vor sich hin köchelt. Wenn der Reis die Flüssigkeit aufgesogen hat und trotzdem noch nicht weich ist, geben Sie ihm einfach noch ein Glas Champagner oder Prosecco zu trinken. Ist das

Risotto weich, mischen Sie die Sahne und den geriebenen Käse darunter. Jetzt muß das Risotto mit geschlossenem Deckel auf der ausgeschalteten Herdplatte noch ein paar Minuten ziehen. Danach sollte gegessen werden, sonst wird das Risotto pampig und Sie vermutlich auch!

Rezepte gegen

Liebeskummer ist so überflüssig wie Schnupfen, aber leider genauso unausweichlich. Theresa hat es schlimm erwischt... Wenn es Ihnen gerade ähnlich geht, verhalten Sie sich wie folgt:

1. Heulen Sie sich hemmungslos bei ihren Freundinnen aus. Um Überbeanspruchung einzelner zu vermeiden, teilen Sie sie in Schichten ein
2. Verstauen Sie sämtliche Fotos von Ihrem Ex im Keller einer Freundin, die hoch und heilig verspricht, sie erst dann wieder rauszurücken, wenn Sie Ihren Enkelkindern zeigen wollen, wie der Idiot aussah, der ihr Herz gebrochen hat, dessen Namen Sie aber inzwischen vergessen haben
3. Auch wenn es Ihnen schwerfällt, weil Sie fest davon überzeugt sind, nie wieder jemanden zu finden, der so gut zu Ihnen paßt – reden Sie sich ein, daß Sie jetzt endlich frei sind für Brad Pitt, Robert de Niro oder den Typen mit dem netten Lächeln, den sie morgens immer in der U-Bahn sehen...
4. Stellen Sie sich ihren Ex in einem pinken Tüllröckchen vor
5. Essen Sie haufenweise Süßkram.

Liebeskummer

Trösterkuchen

Den Ofen auf 170 °C vorheizen. Die Schokolade zerbröseln und im Wasserbad schmelzen. Währenddessen die Eier mit dem Zucker schaumig schlagen und zum Schluß das Mehl unterrühren. Dann die geschmolzene Schokolade dazu. Die Masse in eine gefettete Springform von 24 cm Durchmesser geben und etwa 40 Minuten backen. Wenn der Kuchen etwas abgekühlt ist, aus der Form nehmen und mit dem Cointreau beträufeln. Dazu frische Schlagsahne – das tröstet garantiert ein gebrochenes Herz! Dazu gibt's einen

für einen Kuchen für ein gebrochenes Herz:
150 g Zartbitterschokolade, 6 Eier, 130 g Zucker, 50 g Mehl, Fett für die Form, 3 Eßlöffel Cointreau

Brown Sugar

Die Zutaten in einem Cocktailshaker mixen und dann auf Eis in ein Glas gießen.

pro Person: 3 cl Crème de Cacao, 3 cl brauner Rum, 1 Teelöffel Vanilleeis, 1 Messerspitze Honig, 1 Schuß Milch

alles

Käse!

Lynn ist total desillusioniert, weil sie sich etwas anderes von ihrer Kündigung versprochen hatte, als eingetreten ist... Sie wollte zu einem schwindelerregenden Höhenflug durchstarten, der ihre alten Kollegen vor Neid erblassen lassen würde, statt dessen befindet sich ihr Kontostand auf einer Talfahrt und ihre Laune derartig im Keller, daß sie überlegt, auf allen vieren zu ihrem alten Chef zurückzukriechen. Vielleicht war die Idee, sich selbständig zu machen, schlichtweg Käse?

Stiltonsuppe

für vier: 3 Zwiebeln, 2 Eßlöffel Butter, 2 Eßlöffel Mehl, 150 ml Weißwein, 750 ml Hühnerfond, 250 g Blauschimmelkäse (Stilton), 150 ml Sahne, Pfeffer, Muskatnuß, 1 Bund gehackte Petersilie

Die Zwiebeln fein hacken und in der Butter andünsten. Das Mehl dazumischen und 1 Minute lang anschwitzen lassen. Dann Weißwein und Hühnerfond dazugießen und unter Rühren (am besten mit dem Schneebesen) stark aufkochen lassen. Sobald die Flüssigkeit kocht, eine Tasse abschöpfen und darin den Stilton zerkleinern, dann die Mischung in die Suppe gießen und rühren, bis der Käse sich aufgelöst hat. Die Sahne unterrühren, mit Pfeffer und Muskatnuß würzen, zum Schluß frische Petersilie darüber streuen.

koch dir den So

November ist nicht gerade mein Lieblingsmonat. Ich kuschle mich in einer Decke auf die Couch und warte auf den nächsten Sommer.

Tonyas marokkanisches Huhn

Koriander- und Kuminsamen in einer Pfanne ohne Fettzugabe bei mittlerer Hitze in 2 bis 3 Minuten goldbraun anrösten. Paprikaschoten und Zwiebeln achteln, Knoblauchzehen grob hacken. 1 Limette oder Zitrone auspressen, die zweite Frucht in Scheiben schneiden. Die gerösteten Koriander- und Kuminsamen in einem Mörser zusammen mit dem Zitrussaft zu einer Paste verarbeiten.
Backofen auf 180 °C vorheizen. Das Öl in einer Kasserolle erhitzen. Die Hühnerteile salzen und pfeffern und im Öl kurz anbräunen, dann wieder herausnehmen. Die Paprikaschoten, Zwiebeln und Knoblauch in der Kasserolle etwa 5 Minuten bei starker Hitze unter Rühren anbraten. Die Samenpaste untermischen. Hühnerteile, Kichererbsen, Basmatireis, Chilischoten, Hühnerfond, Weißwein, Oliven und Limetten- bzw. Zitronenscheiben dazugeben. Das Ganze im Ofen etwa 1 Stunde garen. Vor dem Servieren mit frischem Koriander bestreuen.

mmer!

für vier: 1 Teelöffel Koriandersamen, 1 Teelöffel Kuminsamen, 2 gelbe Paprikaschoten, 2 große Zwiebeln, 3 Knoblauchzehen, 2 kleine Limetten oder Zitronen, 1 Eßlöffel Olivenöl, 2 kg Huhn, in acht Stücken, Salz, Pfeffer, 110 g Kichererbsen, 125 g brauner Basmatireis, 2 frische Chilischoten, 275 ml Hühnerfond, 150 ml Weißwein, je 50 g schwarze und grüne Oliven, 2–3 Eßlöffel gehackte Korianderblättchen

Montagmorgen. Ich habe verschlafen und die Wohnung in so einer Hektik verlassen, daß mir erst auf der Straße auffällt, daß ich den Autoschlüssel oben vergessen habe. Da ich keine weitere Zeit verlieren will, quetsche ich mich mit der trägen Masse der Morgenmuffel in die U-Bahn und bin gerade dabei, mich fertig zu schminken, als mir ein Typ einen Ausweis unter die Nase hält und im Gegenzug meinen Fahrschein sehen möchte. Während ich fieberhaft überlege, wie ich aus der Sache rauskommen könnte, krame ich nach meinem Geldbeutel (Django zahlt bar), und dabei fällt mein Lieblingslippenstift auf den Boden und kullert auf Nimmerwiedersehen ans andere Ende des Abteils. Was haben die Sterne heute gegen mich?

wenn dir das Leben Zitrone

n gibt...

…mach Lemon Pie draus!

Den Backofen auf 200 °C vorheizen. Die zerkrümelten Kekse oder Zwiebacke mit etwas Butter auf dem Boden einer gefetteten Springform von 24 cm verteilen und festdrücken. Die Eigelbe cremig mixen, die Maisstärke dazugeben, dann zuerst den Zitronensaft, danach die Kondensmilch unterrühren und das Ganze kräftig schaumig rühren.

Die Mischung auf dem Keksboden verteilen. Die Eiweiße steif schlagen, den Zucker vorsichtig unterheben und den Eischnee über der Zitronencreme verstreichen.

Den Pie im Ofen etwa 35 Minuten backen. Sollte der Eischnee noch nicht angebräunt sein, drehen Sie den Ofen für 5 Minuten ganz hoch, anschließend nehmen Sie den Kuchen heraus. Lemon Pie abkühlen lassen und vor dem Servieren 1 Stunde in den Kühlschrank stellen.

200 g Weizenvollkornkekse oder Zwieback (zerkrümelt), etwas Butter, 4 Eigelb, 1 Teelöffel Maisstärke, 100 ml frisch ausgepreßter Zitronensaft (von ca. 3 Zitronen), 400 ml gesüßte Kondensmilch, 4 Eiweiß, 5 Eßlöffel Zucker

after hour

Wir waren in der Kneipe, und jetzt hat die gesammelte Mannschaft beschlossen, den Abend in Tobias' Küche ausklingen zu lassen. Tobias durchsucht den Kühlschrank verzweifelt nach etwas Eßbarem, aber das einzige, was er finden kann, ist ein Sack Kartoffeln.

Salt & Vinegar Chips

Kartoffeln waschen, in 1 cm-dicke längliche Streifen schneiden und im heißen Öl frittieren. Wenn sie knusprig sind, abtropfen lassen, salzen und mit Essig würzen. Mit Ketchup, Majo oder Chilisauce essen!

für mehrere: Kartoffeln nach Belieben und Vorhandensein,
ca. 1/2 l Speiseöl
weißer Essig, Salz

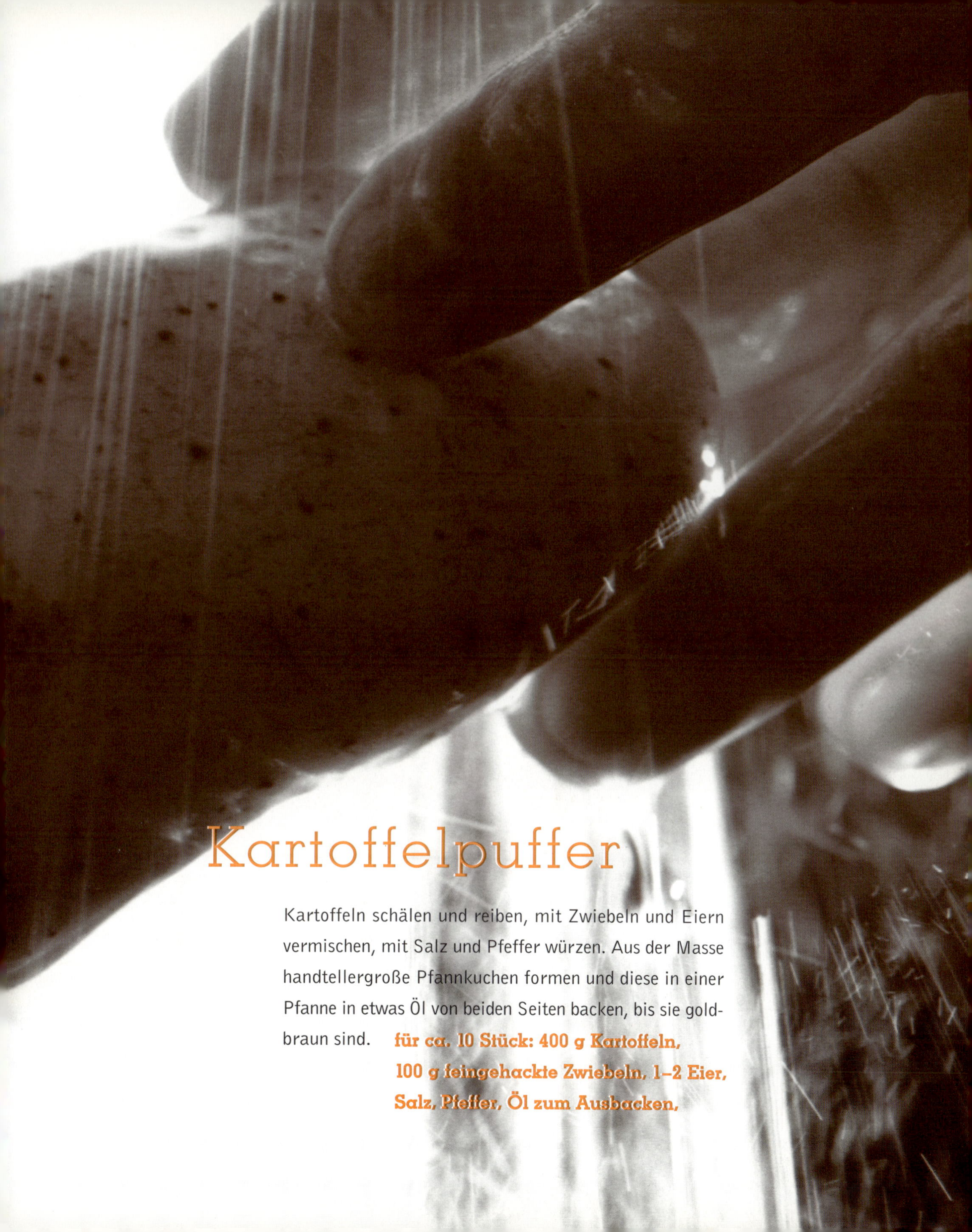

Kartoffelpuffer

Kartoffeln schälen und reiben, mit Zwiebeln und Eiern vermischen, mit Salz und Pfeffer würzen. Aus der Masse handtellergroße Pfannkuchen formen und diese in einer Pfanne in etwas Öl von beiden Seiten backen, bis sie goldbraun sind.

für ca. 10 Stück: 400 g Kartoffeln, 100 g feingehackte Zwiebeln, 1–2 Eier, Salz, Pfeffer, Öl zum Ausbacken,

Stille Nacht

Eltern sind auch nicht mehr das, was sie mal waren! Meine haben uns damit überrascht, daß sie Weihnachten auf einer sonnigen Insel verbringen werden und uns mit der Kälte und dem Shoppingstreß alleine lassen! Ich finde das ziemlich dreist, aber meinen Bruder quält nur die Frage, wo er jetzt feiern soll und was es dort zu essen gibt?

Kipferl

wie meine Mutter sie macht

Mehl mit Butter, 70 g Puderzucker, Haselnüssen und Vanillinzucker verkneten. Den Teig über Nacht im Kühlschrank ruhenlassen. Backofen auf 180 °C vorheizen. Aus der Masse fingerdicke Kipferl formen und diese auf dem gefetteten Blech auf mittlerer Schiene etwa 20 Minuten backen (für Anouschka: bei Umluftherd nur 15 Minuten). Die Kipferl dürfen nicht braun werden! Die Kipferl warm im restlichen Puderzucker wälzen.

für viele: 250 g Mehl,
220 g weiche Butter,
170 g Puderzucker,
100 g gemahlene Haselnüsse,
2 Päckchen Vanillinzucker

Gänsefüllung

die sogar meinem Bruder schmeckt

Die Zutaten vermischen und eine küchenfertige Gans (Gewicht ca. 3 kg) damit füllen. Pro Kilo Gans rechnet man 1 Stunde Backzeit bei 250 °C. Die Gans alle halbe Stunde umdrehen und mit Sud begießen, damit sie saftig bleibt.

für eine mittelgroße Gans:
400 g gemischtes Hackfleisch,
1-2 fein geschnittene Zwiebeln,
2 gehackte Knoblauchzehen,
viel Rosmarin, Petersilie,
2 kleingeschnittene Boskopäpfel,
Salz, Pfeffer

Gehören Sie auch zu den Leuten, die sich jedes Jahr wieder vornehmen, keine Neujahrsvorsätze zu fassen – zumindest keine, die Sie nicht einhalten können – und am ersten Tag im Neuen Jahr den Katzenjammer kriegen, weil Ihnen

Rezepte zum Durc

während Sie die erste Zigarette anstecken, siedendheiß einfällt, daß Sie gestern Abend offiziell die letzte geraucht haben? Man sagt viel, wenn der Abend lang ist, und an Silvester ist man mehr denn je versucht, einen mentalen Großputz zu veranstalten und schlechte Angewohnheiten rigoros in den Mülleimer der Vergangenheit zu werfen. Man will sich in Zukunft gesünder ernähren, öfter ins Fitneßstudio gehen, statt nur die Beiträge zu bezahlen, und generell ein besserer Mensch werden… Das Vertrackte an diesen Vorsätzen ist, daß sie so gut sind – zu gut für diese Welt! Der einzig alltagstaugliche Vorsatz ist, es sich am ersten Tag des Jahres gutgehen zu lassen und sich mit einem Frühstück im Bett zu verwöhnen.

Tortilla für den klaren Kopf

für zwei dicke Köpfe:
2 gekochte Kartoffeln, etwas Olivenöl, 4 Eier, ca. 1/2 rote feingehackte Chilischote, Salz, Pfeffer

Die Kartoffeln schälen, in feine Scheiben schneiden und in Olivenöl in einer Pfanne anbraten. Die Eier gut verquirlen, die Chilischote untermischen und mit Salz und Pfeffer würzen. Über die Kartoffeln gießen, stocken lassen, dann die Tortilla wenden und von der anderen Seite braten. Die Anti-Kater-Wirkung kommt auch gut mit Sardellen! Dazu eine Virgin Mary schlürfen.

hstarten

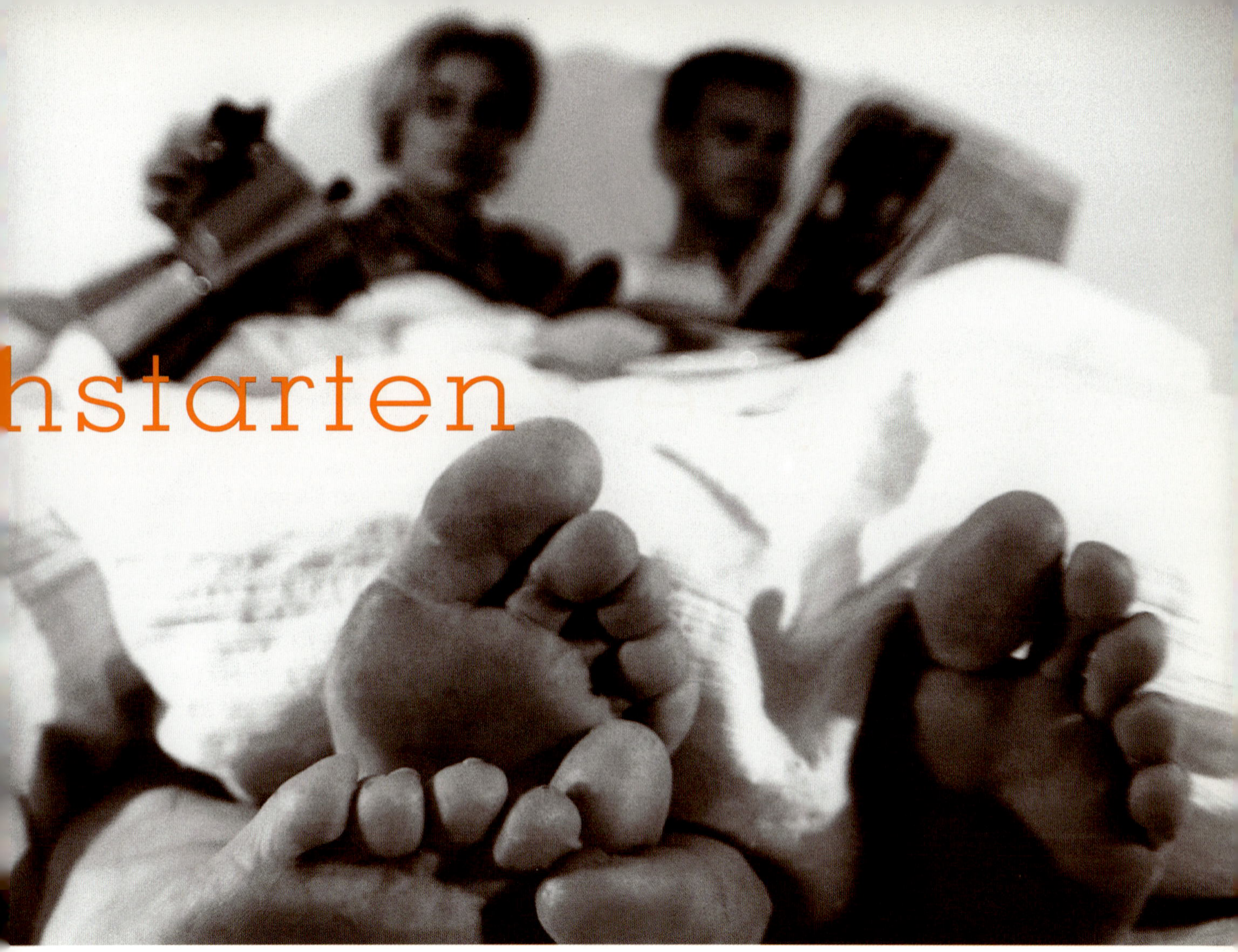

Virgin Mary

Tomatensaft mit den übrigen Zutaten verrühren. Mit frischem Stangensellerie dekorieren.

pro Person: 1 Glas (ca. 120 ml) Tomatensaft, einige Spritzer Zitronensaft, etwas Worcestershiresauce, Selleriesalz, 1–2 Spritzer Tabasco, frischer Stangensellerie für die Deko

Avocado- und Krabbenomelette

Fruchtfleisch der Avocado und die Tomate würfeln. Mit den Krabben und etwas Zitronensaft vermischen. Zum Schluß den geriebenen Käse unterrühren. Dann pro Omelette 3 Eier schaumig schlagen und in einer Pfanne in wenig Fett stocken lassen. Wenden und von der anderen Seite braten. Die fertigen Omelettes mit der Avocadomischung füllen und nochmals von beiden Seiten anbräunen. Dazu gibt's Ingwereistee.

für zwei Genießer: 1 große Avocado, 1 Tomate, 100 g Krabben, etwas Zitronensaft, etwas geriebener Parmesan oder anderer Käse, 6 Eier, wenig Fett

Ingwereistee mit Orange

Orange und Ingwer schälen und kleinschneiden. Ingwer mit dem Zucker bestreuen und zusammen mit dem Fruchtfleisch der Orange in etwa 4 Tassen Wasser etwa 10 Minuten kochen lassen. Schwarzen Tee (Earl Grey, Prince of Wales oder je nach Vorliebe) zubereiten. Das Ingwerwasser durch ein feines Sieb in den Tee gießen. Kalt serviert schmeckt das sehr erfrischend.

für mehrere: 1 Orange, ein ca. 5 cm langes Stück frischer Ingwer, 3 Eßlöffel Zucker, schwarzer Tee

Rührei mit Lachs

Den Lachs in Streifen schneiden. Eier und Milch verquirlen, Frühlingszwiebel daruntermischen und salzen. Etwas Margarine in einer Pfanne heiß werden lassen, das Rührei hineingießen und die Lachsstreifen darüber geben. Dazu Champagner auf einer Orangenscheibe trinken – das Rezept muß ich nicht extra aufschreiben!

für das Königspaar: 1 kleingeschnittene Frühlingszwiebel, Salz, etwas Margarine, 200 g Räucherlachs in Scheiben, 4 Eier, 2 Eßlöffel Milch,

Cajun Strata

Dieses deftige Südstaatenfrühstück gibt Power und hat den Vorteil, daß es am Tag vorher zubereitet werden kann. Am Morgen müssen Sie es nur noch in den Ofen schieben und dürfen eine halbe Stunde lang weiter schlummern oder sonstwas tun, bis es fertig ist. Zwiebeln, Frühlingszwiebeln, Sellerie, Pilze und Knoblauch in etwas Butter andünsten. Die Brötchen in kleine Stücke brechen, die Wurst in Scheiben schneiden. Das gedünstete Gemüse daruntermischen. Zum Schluß den Käse dazureiben. Die Mischung in eine gefettete, feuerfeste Form geben. Für den Guß Eier, Milch, Senf und die Gewürze verquirlen und über die Zutaten in der Form gießen. Das Cajun Strata über Nacht im Kühlschrank ziehen lassen. Am nächsten Morgen in den Ofen schieben und bei 220 °C etwa 30 Minuten backen. Warm essen! Furchtlose trinken dazu einen Bertie Wooster.

für zwei Furchtlose: 100 g gehackte Zwiebeln, 4 fein gehackte Frühlingszwiebeln, 1 kleingeschnittene Stange Sellerie, 100 g Champignons in Scheiben, 1 zerdrückte Knoblauchzehe, etwas Butter, 2 Brötchen vom Vortag, 1 scharf geräucherte Wurst vom Schwein (im Süden der USA verwendet man Andouille, falls Sie dafür extra dorthin fahren, bringen Sie mir bitte eine mit!), 200 g Cheddar, Butter oder Margarine für die Form, 4 Eier, 150 ml Milch, 1 Eßlöffel Dijonsenf, 1 Prise Salz, 1 Prise Kreuzkümmel, 1/2 Teelöffel Cayennepfeffer

Berti Wooster à la Isabelle

Der Drink hat eine sagenhaft belebende Wirkung und verhilft nicht nur englischen Gentlemen zu ungeahnter Topform. Es empfiehlt sich, das Zeug kannenweise zuzubereiten, weil man nach einem Glas noch nicht fassen kann, wie gut es ist. Zitronensorbet oder -eis in ein großes Glas geben. Wodka dazu und mit Prosecco bis etwa 3 cm unter den Glasrand auffüllen. Das Ganze mit einem Stabmixer kurz schaumig mixen. Mit frischer Pfefferminze dekorieren.

pro Person: 1 große Kugel Zitronensorbet oder -eis, 4 cl eiskalter Wodka, eiskalter Prosecco zum Auffüllen, frische Pfefferminze für die Deko

Easy!

Lynn hat ihrer Idee Taten folgen lassen und ist ab heute ein Ein-Frau-Mittagessen-Service. Ella und ich sind ihre ersten Kunden. Und? Klappt alles, fragen wir, als Lynn abgehetzt aber glücklich in unserem Büro auftaucht, und das Essen auf meinen Unterlagen deponiert. Easy, lächelt Lynn, kassiert ab und ist in der nächsten Sekunde wieder verschwunden. Als sie weg ist, sehe ich, daß eine orange Sauce über meine Papiere läuft.

Kürbiscremesuppe

Kürbis schälen, entkernen und das Fruchtfleisch grob würfeln. Im Gemüsefond zusammen mit dem Zucker weich kochen (dauert ungefähr 15 Minuten), dann das Ganze pürieren, mit Dill, Salz und Pfeffer würzen und jeweils mit einem anständigen Klecks Sauerrahm servieren.

für vier: 1/2 Kürbis (mittelgroßes Exemplar), 300 ml Gemüsefond, 2 Eßlöffel Rohrzucker, gehackter Dill, Salz, Pfeffer, 200 ml Sauerrahm

grüne Quiche mit Ziegenkäse

Die Teigzutaten miteinander verkneten und etwa 15 Minuten ruhen lassen. Dann ausrollen und eine runde gefettete ofenfeste Form damit auslegen und bei 180 °C ca. 15 Minuten vorbacken. Jetzt hat man Zeit, um das Gemüse kleinzuschneiden, und den Guß vorzubereiten. Dazu die Eier mit der Sahne verrühren, und den Ziegenkäse in der Mischung zerdrücken. Wenn der Teig vorgebacken ist, das Gemüse darauf verteilen und mit dem Guß übergießen. Jetzt die Quiche wieder in den Ofen schieben und nochmal etwa 25 Minuten backen, bis der Käseguß goldgelb und knusprig ist. Quiche schmeckt herrlich, wenn sie noch warm ist, kann aber auch prima kalt gegessen werden.

für vier bis fünf:
für den Teig: 200 g Mehl, 100 g Butter, 4–5 Eßlöffel Wasser, 1 Prise Salz
für den Belag: 250 g Blattspinat, 200 g Brokkoliröschen, 2 kleingeschnittene Frühlingszwiebeln, frisches Basilikum, Salz, schwarzer, gemahlener Pfeffer
für den Guß: 150 ml Sahne, 2 Eier, 200 g Ziegenkäse

Happy Ends sind die Momente, in denen geschickterweise abgeblendet wird, wenn es am schönsten ist. Vor Rührung seufzend erhebt man sich, schüttelt die Popcornreste vom Pulli, und auf dem Nachhauseweg fragt man sich, warum das eigene Leben so anders ist als Kino? Ganz einfach: Weil es weitergeht! Und das ist gut so, denn dadurch dürfen wir mehr Happy Ends erleben, als es in einem Film jemals geben wird.

zum Happy End…

Oder hätten Sie lieber bei Ihrem ersten Kuß abgeblendet? Happy Ends kommen und gehen – und kommen wieder! Deshalb haben wir beschlossen, auf dem ersten Weiberabend im Neuen Jahr das Liebesmenü mit den aphrodisierenden Gewürzen zu kochen – auf die Art haben wir Übung für den nächsten Ernstfall! Beim Essen erzählen wir uns die Happy Ends aus unserem Leben. Ist das schön!

...das Liebesmenü

für zwei Verliebte

Austernsuppe

Die Frühlingszwiebeln würfeln und in Butter bräunen. Mit dem Curry und ein paar Blättern Liebstöckel abschmecken. Die Austern mitsamt Schale, Weißwein und 300 ml Wasser hinzufügen. Das Ganze leicht köcheln lassen, bis die Austern gar sind (dauert 6 bis 8 Minuten). Dann die Austern herausnehmen und die Hitze reduzieren. Eigelbe und Sahne verquirlen und unter die Suppe rühren. Austern aus den Schalen lösen, hineingeben und die Suppe mit frischem Dill bestreuen.

3 Frühlingszwiebeln, etwas Butter, 1/2 Teelöffel gelber Curry, Liebstöckel, 10 Austern, 150 ml Weißwein, 2 Eigelb, 150 ml Sahne, frischer Dill

Couscous aus Tausendundeiner Nacht

Das Couscous mit einer Prise Salz in eine Schüssel geben und mit heißem Wasser bedecken. Während es zieht und aufquillt, haben Sie Zeit, das Fleisch zuzubereiten.
Frühlingszwiebeln mit Grün und die rote Zwiebel kleinschneiden und mit dem Fleisch anbraten. Nach 1 bis 2 Minuten Safran, Zitronengras und Saucen sowie die Kokosmilch dazugeben. Je nach Dicke der Filets 15 bis 20 Minuten köcheln lassen, dann mit dem Couscous servieren.

ca. 300 g Couscous, Salz, 1 Bund Frühlingszwiebeln, 1 rote Zwiebel, 2 Filets von glücklichen Rindern, etwas Safran, 1 kleingeschnittener Stengel Zitronengras, ein Schuß Fischsauce, ein Schuß Sojasauce, 100 ml Kokosmilch

Raspberry Fool

können Sie am Tag vorher zubereiten – es tut der Creme gut, wenn sie ziehen kann, und Ihnen, wenn Sie noch etwas Zeit haben, bevor es mit dem Romantisch-Sein losgeht…
Die Himbeeren zusammen mit dem Zucker zerdrücken. Die Vanilleschote aufschlitzen und etwa 5 Minuten unter Rühren in der Sahne köcheln lassen, dann abkühlen lassen. Wenn die Sahne kalt ist, die Schote entfernen und den Joghurt untermischen. Die Himbeermousse locker unterheben, so daß die weiße Sahnecreme von farbigen Beerenstreifen durchzogen ist. Je eine halbierte Feige auf den Boden von Dessertschalen oder Weingläsern geben, dann die Amaretti drauflegen und mit der Creme begießen. Die Fools werden kalt gestellt und kurz vor dem Servieren mit frischen Minzeblättern dekoriert.

250 g Himbeeren, 135 g Zucker, 1 Vanilleschote, 200 ml Sahne, 200 g griechischer Sahnejoghurt, 1 frische Feige, 40 g Amaretti (Mandelkekse), frische Pfefferminze

Rezepte-Index

Frühstück

Suppen

Snacks

Hauptgerichte

Marinaden

Salsas und Dips

Süsses

alkoholfreie Drinks

Cocktails

Schönheitsrezepte

SOS-Index

für schnelle Hilfe, wenn Sie nur wenige Grundzutaten zur Hand haben, für Anregungen, wenn Sie Zutaten haben, und nicht wissen, was Sie auf die Schnelle daraus machen könnten... Hier eine Auswahl von Rezepten, sortiert nach Hauptzutaten:

Avocados: Avocadosuppe, Avocado- und Krabbenomelette, Vitamin-Maske

Buchweizenmehl: Buchweizenblini

Brandy: Brandy Alexander

Crevetten oder Shrimps: Maissuppe mit Shrimps, Papayasalat, Satay, Tom Yam Gung

Eier: Aioli, Avocado- und Krabbenomelette, Buttermilchwaffeln, Brownies, Ricardas Eierlikör, Rührei mit Lachs, Tortilla zum Durchstarten

Erdnüsse: Erdnuß Salsa, Scharfe Cocktailnüsse, Woknudeln

Fisch & Meeresfrüchte: Austernsuppe, Champagnerrisotto, Grillmarinade, SOS-Dips, Tagliatelle mit Jakobsmuscheln

Gin: Fallen Angel

Hackfleisch: Hamburger

Huhn: Chickenwings, garantiert heilende Hühnersuppe, Grillmarinade, Hühnchen in Buttermilch, Limettenhuhn, Poh Pia, Tonyas marokkanisches Huhn

Joghurt: Kräuter-Lassi, Raspberry Fool

Kartoffeln: Kartoffelgratin, Kartoffelpuffer, Marios römische Kartoffel-Rucola-Pizza, Ofenkartoffeln, Salt & Vinegar Chips

Käse: grüne Quiche mit Ziegenkäse, Käsemakkaroni, Obatzta, Parmesanaufstrich, Stiltonsuppe

Kidney Bohnen: Bohnen Salsa

Kürbis: Kürbiscremesuppe

Lammfleisch: Grillmarinade, New York lamb pita pocket sandwich

Mascarpone: Feigencreme mit Schokolade, SOS-Dips, Tiramisu alla Ciocollata

Mehl: Buttermilchwaffeln, Kipferl, Marios römische Kartoffel-Rucola-Pizza, Pancakes, Shortbread, Trösterkuchen

Melone: geeiste Melonensuppe

Nudeln (asiatische): Kambodschanischer Steaksalat, Muu Wan, Woknudeln

Nudeln (europäische): Käsemakkaroni, Spinat-Tagliatelle mit Nüssen, Tagliatelle mit Jakobsmuscheln, Nudeln in Olivensauce

Oliven: Nudeln in Olivensauce

Orangen: Orangensorbet mit Rosmarin, Orangensuppe, Tropische Eiscreme-Terrine

Quark: Muttis Quarkknödel, Muntermacher-Maske

Rindfleisch: Couscous aus Tausendundeiner Nacht, Grillmarinade, Hamburger, Kambodschanischer Steaksalat, Steaksandwich

Rum (weißer): Zombie, Mojito

Rum (brauner): Zombie, Rum-Honig-Pute, Iced Tea, Brown Sugar

Sardellen: Sardellencreme, Caesar Salad

Schokolade: Brownies, Tiramisu alla Cioccolata, Trösterkuchen

Schweinefleisch: Muu Wan

Spargel: Lynns thailändische Spargelsuppe, Spargel à la Tobias, Spargel mediterran

Tee: Bombay-Bombe, Ingwereistee mit Orange, Iced Tea

Truthahn: Putensaltimbocca, Rum-Honig-Pute

Weizengrütze: Kisir, Couscous

Wodka: Berti Wooster à la Isabelle, Seabreeze

Zitronen: Lemon Pie

Danke!

Andrea und Ralph Wachler, Andreas Anter, Angel Alonso Mendaña, Bärbel Hoff, Beatrix, Carolyn Flannigan, Christine, Cristine Kalkhof, Claudia Pielmann, Claudia Singer, Edit und Frank Heilmeier, Frank Restle, Gregor, Isabelle Fuchs, Jörg Gromotka, Karl Traubach, Magdalena und Volker Frey, Maria Guimarães, Mario Trabalza, Martina Riechert, Matthias, Katze Mausi, Mutti, Philip Wolf, Pia Gromotka, Raffael, Ricarda Nolte, Ruth und The Gammel Brothers, Seppi Woerner, Sylvia Drudik, Thomas Polzer, Tinka, Tonya Costelloe, Ufuk Tezeren, Wolfgang Heinzel

Foto: Denise Krjejci

Andrea Brown studierte Völkerkunde in München und Sydney. Danach Werbe- und PR-Arbeit. Heute lebt sie als freie Autorin für Fernsehen und Printmedien in München. 1997 erschien ihr Bestseller »Frösche und Prinzen«, 1999 der Roman »Träum weiter, Baby!«

Foto: Maria Guimarães

Martin Skultéty studierte Internationale Politik in München und Mendoza/Argentinien. Seit 1995 leitet er den Geschäftsbereich Ausland einer renommierten Bildagentur mit Sitz in München. Für dieses Buch unternahm er einen vergnüglichen Ausflug in die professionelle Fotografie.

Die Rezepte in diesem Buch sind die Lieblingsgerichte von Andrea Brown, und wurden von ihr persönlich mehrfach getestet. Sofern Rezepte von verläßlichen FreundInnen, bzw. der Mutter der Autorin stammen, sind sie entsprechend gekennzeichnet.

Lektorat: Isabelle Fuchs
Fotos: Martin Skultéty
Layout: Wolfgang Heinzel und Martin Skultéty
Reproduktionen: Jule Baumeister, München
Druck und Bindung: Graphicom srl, Vicenza
Printed in Italy
ISBN 3-87287-472-1

RECLAM-BIBLIOTHEK LEIPZIG

Andrea Brown

Frösche und Prinzen

Roman

341 Seiten. RBL 1592. 16,90 DM. ISBN 3-379-01592-X

Alles spricht für einen tollen Sommer. Die Sonne strahlt, Partys und Straßencafés locken. Aber Sara, Anfang 30, leidet: Sie ist mal wieder auf dem Planet der Singles gelandet. Und die Typen, die ihr über den Weg laufen, bleiben leider auch nach dem fünften Kuß Frösche ... Oder doch nicht?

»Köstlich, komisch und unterhaltsam: Andrea Browns Roman über die aufgewühlten Gefühle einer jungen Single-Frau auf der Suche nach dem Richtigen.« *(Journal für die Frau)*

»Süffisant-komisch.« *(Petra)*

»Ein leichter und fröhlicher Roman über Lust und Frust in der City.« *(YoYo)*

»Erzählt mit trockenem Wort- und Aberwitz.« *(Berliner Morgenpost)*

Träum weiter, Baby!

Roman

246 Seiten. RBL 1650. 16,90 DM. ISBN 3-379-01650-0

Wenn sich der Prinz plötzlich in einen Frosch verwandelt, muß die moderne Prinzessin zu ungewöhnlichen Mitteln greifen, um ihr Glück zu retten ... Wird Melanie es schaffen?
Eine turbulente, mal witzige, mal melancholische Story eines Paares zwischen München und Venedig, eine Geschichte um Liebe und Verrat – mit einem Happy-End der besonderen Art.

»Pures Lesevergnügen.« *(Vogue)*

»Liebe, Sex 'n' Crime und Rock 'n' Roll. Ein klasse Buch.« *(Die Welt)*